プロブレムQ&A

同性パートナー生活読本

［同居・税金・保険から介護・死別・相続まで］

■

永易至文・著

緑風出版

プロブレム Q&A

目次

プロブレムQ&A

Ⅰ 同性パートナーシップを求めるまえに

Q1 なぜ同性パートナーシップに法的保障を求めるのですか？ 12
同性パートナーと暮らすことに、なぜ法とか保障とかのむずかしそうなことを考えなければいけないのですか。あまりピンとこないのですが……。

Q2 憲法は、同性パートナーシップの存在を認めてないのではないですか？ 15
憲法二十四条の「婚姻は両性の合意のみに基いて成立し」という条文は、同性パートナーシップを認めていないのではないでしょうか？

Ⅱ 住民票と住居、さまざまな家族向けサービス——どうなる編1

Q3 同性パートナーと、結婚式が挙げられますか？ 20
同性のパートナーと、宗教儀式や披露宴を行なうなど、一般と同様のかたちで結婚式を挙げたいと思います。結婚式場や宗教者の対応はどのようなものですか？

Q4 同性パートナーと二人で戸籍や住民票を作れますか？ 29
同性パートナーとの関係や、一緒に生活していることを公的に証明するために、二人で戸籍や住民票を作ることができるでしょうか？

Q5 同性パートナーと一緒にマンションを借りられますか？ 35
今度、パートナーと一緒に住もうと思います。二人で住める賃貸マンションを探しているのですが、名義も二人の名義で借りられるでしょうか？

Q6 同性のパートナーと公営住宅を申し込むことができますか？ 39
都営住宅は収入に応じて家賃が安くなると聞いています。同性パートナーと一緒に都営住宅への入居を希望していますが、申し込むことはできるでしょうか？

Q7 「公団住宅」には同性パートナーとともに入居できるのですか？ 43
URの賃貸住宅（旧公団住宅）には同性パートナーどうしでも入居できると聞きました。どうすれば入れますか。ほかにもそんな住宅はありますか？

Q8 同性パートナーと一緒に住宅ローンを借りられますか？ 46
同性パートナーと住宅を買う場合、二人で収入合算すれば銀行などでより多額の住宅ローンを組めると思います。同性パートナーどうしでも可能でしょうか？

Q9 同性パートナーと二人で二枚のキャッシュカードを発行してもらえますか？ 49
家賃や水道光熱費の引き落としなどに共同の財布があると便利です。一つの預金口座にキャッシュカードを二枚発行してもらい、それぞれが所持したいのですが。

Q10 携帯電話の家族割引を、同性パートナーと申し込めますか？ 51
携帯電話には、家族で申し込むと安くなるサービスがあります。同性パートナーと申し込みたいのですが、可能でしょうか？

Q11 同性パートナーにクレジットカードの家族カードを持たせられますか？ 56
正社員でない同性パートナーはクレジットカードの発行を受けられません。そのかわり私のクレジットカードの家族カードを持たせたいのですが……。

Q12 同性パートナーのいる私は、給料に家族手当を支給してもらえますか？ 58
私の会社では、無職の妻や子どもがいる場合、家族手当が支給されます。同性パートナーやその連れ子がいる場合、家族手当を支給してもらえますか？

Q13 「忌引」や保養所の利用は、同性パートナーにも適用されますか？ 62
同性パートナーが亡くなった場合、私はその葬儀のために忌引をとれるでしょうか。またパートナーを家族として会社の保養所を利用したりできますか？

プロブレムQ&A

Ⅲ 税金と健保・年金、生命保険――どうなる編2

Q14 収入のない同性パートナーを扶養家族として税金の申告ができますか? 66
確定申告や年末調整の時期になると、配偶者控除や扶養控除という言葉を聞きます。同性パートナーはそれにあてはまりますか?

Q15 収入のない同性パートナーを、会社の健康保険に入れられますか? 70
会社の同僚を見ると、奥さんや子どもも会社の健康保険を使って病院にかかっています。私の同性パートナーには、それはできないのでしょうか?

Q16 同性パートナーを年金の三号被保険者にできますか? 72
会社員の妻は保険料を払わなくても将来、年金がもらえると聞きました。これはどういう意味ですか。私のパートナーにはそれは可能でしょうか?

Q17 同性パートナーには遺族年金の受給資格がありますか? 76
父が早く亡くなったとき、母や私たちは父の厚生年金から出る遺族年金を受けました。私の同性パートナーは、私の死後、遺族年金を受け取れますか?

Q18 同性パートナーを生命保険の受け取り人にできますか? 79
保険の外交員さんによれば、家族以外は保険の受け取り人にできないそうです。同性パートナーを受け取り人にする生命保険の契約は無理でしょうか?

Ⅳ 在留資格、緊急医療、介護――どうなる編3

Q19 海外の同性婚の制度に登録するにはどうすればいいですか。 84
私のパートナーはオランダ人ですが、オランダは同性婚ができるので現地で結婚しようと思います。日本人の私に、それは可能でしょうか?

Q20 外国人の同性パートナーに、配偶者ビザはとれますか？
私は現在、カナダに在住し、カナダ人のパートナーと同性婚の登録をしています。私が日本へ帰国し定住するとき、パートナーも配偶者ビザがとれますか？ 88

Q21 同性パートナーをめぐって病院など医療現場で起こることを教えてください。
パートナーが発病、入院したとき、私は入院の保証人になったり、医師から関係者として病状や治療の説明を聞いたり、病室に付き添って看護ができますか？ 92

Q22 同性パートナーの緊急時に、私は安否確認できるでしょうか？
出先でパートナーが事故にあったり、離れて暮らしている先でなにかあったとき、私は救急隊や病院へ、パートナーについての情報照会が可能でしょうか？ 96

Q23 同性パートナーが高齢化して介護が必要なとき、どんな問題が起こりますか？
私の同性パートナーは高齢で、介護保険を使って介護サービスを利用したいと思いますが、私が申請したり入所の身元引き受け人になれるでしょうか。 101

Q24 私は同性パートナーの介護のために、介護休業がとれるでしょうか？
パートナーは私の十五歳年上で、現在六十五歳、アルツハイマー症です。パートナーを介護するために私は職場で介護休業をとりたいのですが……。 105

V 死と相続、お墓、そして——どうなる編4

Q25 同性パートナーが亡くなって、私は喪主になったりお墓を作れますか？
ついにパートナーが逝きました。私がお葬式の喪主になってもいいのでしょうか？ また、向こうの親族からお骨を渡せと言われた場合、どうなりますか？ 110

Q26 脳死時の臓器提供や献体は、パートナーの判断に任せられますか？
もし自分が脳死になった場合には臓器提供を、死後には大学病院に献体をしたいと思っています。そのときは同性パートナーの判断でそれを実行できますか？ 115

プロブレムQ&A

Q27 死後の手続きや届け出は、同性パートナーでもできますか？ 119
故人には、健康保険から葬祭料が出ると聞きました。そうした手続きを、親族ではない同性パートナーの私がしてもいいのでしょうか？

Q28 同性パートナーの死後の相続について教えてください。 122
同性パートナーが亡くなったとき、その名義の不動産や預金を、私は相続できるでしょうか？また、遺言について基礎的なことを教えてください。

Q29 遺言状の取り扱いや相続税について、どうすればいいのでしょうか？ 125
同性パートナーの死後、遺言状が出てきました。遺言状の取り扱いに必要な手続きについて教えてください。また、相続税が心配なのですが……。

Q30 遺言もなく親族もいない場合、同性パートナーの遺産はどうなりますか？ 129
同性パートナーが遺言もなく亡くなりました。親や兄弟姉妹も死去、甥姪など法定相続人になれる人との連絡もつきません。法的にはどうするのが正しいですか。

Q31 同性パートナーと一緒にお墓に入りたいのですが、可能でしょうか？ 132
二人で一緒に入れるお墓を買いたいのですが、どうすればいいでしょうか？お墓も親族からの申し込みしか受け付けられないのでしょうか？

Q32 同性パートナーと別れるときには、どんな問題が起こりますか？ 136
同性パートナー間で別れ話となったとき起こるトラブルにはどんなものがありますか。また、それらを解決するには、どういうことを心がければいいですか？

VI 同性パートナーシップ保障、いまやれること

Q33 公正証書とはなんですか？どうやって作るのですか？ 140
同性パートナーシップを保障するための公正証書の話を聞きました。それはどのようなものですか？それを作るとどんな効果があるのですか？

Q34 公正証書契約はどうやって作るのですか？
公正証書を作る手順を説明してください。また、どこへ行けばいいのですか。お金はどのくらいかかりますか。公正証書には問題点がありますか？ —— 144

Q35 成年後見制度は、同性パートナーシップの法的保障に役立ちますか？
成年後見人になると第三者でもいろいろな代理権が得られると聞きました。ところで成年後見制度とはなんですか？　なにか問題点はありますか？ —— 148

Q36 パートナーと養子縁組をするには、どうやればいいですか？
二人の関係で万一にそなえるため、このさい養子縁組しようと思います。でも、本当にそれで大丈夫なのか不安な面もあるのですが……。 —— 156

Q37 同性パートナーへの遺産相続のために、遺言について教えてください。
もし私が遺言を書いておかなければ、私の財産はすべて親族へ行くそうですが、パートナーに残すためにはどうすればいいのですか？ —— 163

Q38 同性パートナーシップの関係を会社にする、とはどういう方法でしょうか？
二人の関係をいっそ会社にしてしまえば、生命保険の契約も会社名義でできるし遺産相続の問題もないと聞きました。そんなことってあるのでしょうか？ —— 171

Q39 同性パートナーシップの制度ができたら、カミングアウトは不要でしょうか？
私は親には一生カミングアウトする気はありません。親につべこべ言われないためにも早く同性パートナーシップの法制度ができるといいと思います。 —— 175

Q40 同性パートナーシップのことで困ったときは、どこへ相談すればいいですか？
同性パートナーシップが直面するいろいろなケースを知りました。専門家にも相談したい場合、どんなときにどういう専門家に相談すればいいのでしょうか？ —— 178

プロブレムQ&A

プロブレムQ&A

I

同性パートナーシップを求めるまえに

Q1 なぜ、同性パートナー間に法的保障を求めるのですか？

同性パートナーと暮らすことに、なぜ法とか保障とかのむずかしそうなことを考えなければいけないのですか。あまりピンとこないのですが……。

人生のミドル以降でぶつかる課題

同性パートナー間に法的保障《ほうてきほしょう》を求めると言われても、なにか漠然《ばくぜん》とした話で、なかなか取っ掛かりがないでしょうか。とくに若い人の場合、二人の生活のなかで法的保障を考えたり悩む場面というのは、あまりないかもしれません。しかし、人生の中盤以降に目を延ばせば、私たちの日常生活が法や制度と密接に関係していることに気づく場面が数多く発生するでしょう。

たとえば、この本ではこれから社会保険や税金、相続《そうぞく》といった法制度、住宅の購入その他の財産形成にかかわること、そして病気にともなう看護や老化にともなう介護、その結果としての病没、また不慮《ふりょ》の事故等による死別といった場面を取り上げていく予定です。こうした税金や財産にかかわることは収入が安定してくる中年期から、そして看護や介護、死別といったことは高老年期に多く起こることです。

社会保険

健康保険（国民健康保険や会社の健康保険など）、年金（国民年金や厚生年金など）、そして勤めている人は雇用保険を合わせて、社会保険といいます。法律で加入することが義務づけられている保険制度であり、個人こうした場面に直面したとき、どうするか――。事態を夫婦や家族で乗りこえていった例はいくらもあります。書店に行けば、そうした場面におけるノウハウ本や解説書、体験記やエッセーの類《たぐ》いがたくさん出版されていますが、そこでは男女夫婦のケースが想定されたり、語られたりするのが常です。

しかし、同性パートナーシップを営む二人がそうした場面にぶつかったときには、どうなるのでしょうか？　そうした先例や実例を紹介し、解決策を述べた本はなかなか見あたりません。というよりも、同性パートナーシップを営むものがそうした場面に遭遇《そうぐう》することが、そもそも想定されていないのです。さらにいえば、同性パートナーシップを営むものの存在が、そもそも消されていると言ってよいでしょう。

いま、同性パートナーと暮らす人が増えてきました。正確に言えば、そうした人が目にはいるようになってきたと言うべきでしょうか。人はきっと昔から、「夫婦とその子ども」以外にもさまざまなユニットを組んで暮らしてきたに違いありません。しかし、法や制度は、かならずしもそういう生き方までをも想定し、それに対応したものにはなっていないようです。

法や制度は変えられるもの

法や制度を適用する場合、同性二人で暮らす人たちの場合はどうなのか？　これは同性二人で暮らす人たち自身によって模索《もさく》し、検証されていくべき課題です。

ではいる生命保険や疾病保険などとは別物です。勤めている人の場合、その保険料は会社と折半し（会社と本人が半額ずつ負担）、本人負担分は給料から天引きされます。また、社会保険のために支払った金額は、年末調整や確定申告のさいに、社会保険料控除をすることができます。

税金

税金は、国税・地方税、直接税・間接税など、さまざまな分類と種類があります。おもな税金には、一年間の所得に対してかかる所得税や都道府県民税（住民税）、財産を相続または遺贈により取得したときにかかる相続税、個人から財産をもらったときにかかる贈与税、土地や家屋および事業に使う機械などにかかる固定資産税、自動車税、そしてさまざまな購入品にたいする税金（酒税、そして、その歩みはいまから始まるのです。

法的保障を求めると言いますが、求められる中身は男女の夫婦に比較して過剰《かじょう》な保護でも特別待遇《とくべつたいぐう》でもありません。同性二人がその共同生活を安定して永続的に送れるように、ごくあたりまえの制度的裏づけを整えてほしいと願っているだけです。

自分たちの暮らし方と社会の法や制度がどう結びついているかを考えてみましょう。だれも法や制度とは無縁には暮らせません。もちろん、法や制度の適用が、共同生活のユニットを組む相手が異性か同性かによって左右されることは、本来はおかしいと言わざるをえませんが、現行制度はそうなのだからしかたがありません。

この本は、同性パートナー間には法的保障が想定されていないことがわかる本です。現行の法や制度は、夫婦とその子どもというユニット以外で暮らす人を置きざりにしていることがわかる本です。

しかし、法や制度は変えられるものです。それは人が作ったものですから。どう変えていくか。

いま保障されている人にそこから降りてもらうのか、現在想定されていないユニットに保障を拡大して平等にするのか、さらにだれも置きざりにしない第三の方法を模索するのか。

それはこの本を読み終えてから考えても遅くはないと思います。

タバコ税、ガソリン税等々）や消費税があります。

相続

相続とは、亡くなった人の財産（不動産や現金、有価証券などプラスの財産だけでなく、借金などのマイナスの財産も含む）などを、親族などの相続人が受け継ぐことです。亡くなった人を「被相続人」、財産を受け継ぐ人を「相続人」といいます。

相続については、民法の第五編に、およそ百六十条にわたって規定されています。

Q2 憲法は、同性パートナーシップの存在を認めていないのですか？

憲法二十四条の「婚姻は両性の合意のみに基いて成立し」という条文は、同性パートナーシップを認めていないのではないでしょうか？

法律家の目に入っていない同性パートナーシップの存在

条文を確かめてみましょう。日本国憲法は、婚姻と家族生活における個人の尊厳と両性の平等について次のように定めています。

第二十四条
一　婚姻は、両性の合意のみに基いて成立し、夫婦が同等の権利を有することを基本として、相互の協力により、維持されなければならない。
二　配偶者の選択、財産権、相続、住居の選定、離婚並びに婚姻及び家族に関するその他の事項に関しては、法律は、個人の尊厳と両性の本質的平等に立脚して、制定されなければならない。

たしかに二十四条には、「婚姻は両性の合意のみに基いて成立」「夫婦が同等の権利を有する」とあります。両性や夫婦というのだからそれは男女を指しており、同性の婚姻《こんいん》は認められないことを宣言しているかのようです。

しかし、この憲法が起草された一九四六年当時は、世界的に見ても同性パートナーシップが公に議論されたり、それを法律で保障しようという考えがまだありませんでした。二十四条の「立法の趣《しゅ》旨」は、戦前のような家制度の廃止や、親が戸《こ》主の権限として勝手に子どもの結婚相手を決めてしまうことへの禁止、結婚の自由を定めたものと解釈するべきでしょう。その意味では、同性パートナーシップを保障したり、同性間の結婚やそれに類する制度を立法することを、憲法は禁止しているのではないと読むべきではないでしょうか。弁護士で、現在、社民党党首、参議院議員としても活躍する福島みずほさんは、私のインタビューに、「法律家として、これは『両性』に重きをおいているのではなく、婚姻の自由を定めたものだと思います」と答えています（永易編『レインボーフォーラム』緑風出版、二〇〇六年）。

もっとも法律家によっては、違う考えをする人もいるでしょう。とはいえ、法学で同性パートナーシップについて考えたり問うたりすることは、日本ではまだまだ少なく、同性パートナーシップを営んで生きる人の存在や権利は、法学・法曹関係者の目にはまだ入っていないかのようです。

憲法の解釈は裁判で争われる

憲法二十四条をどのように解釈するかは、実際の事例に即して裁判の判例とい

家制度

明治民法で採用された家族制度であり、親族関係にある人を一つの「家」に属させ、家長である「戸主」に家の統率権限が与えられていました。家族の婚姻や養子縁組にも戸主の同意が必要でした。また戸主の地位は、財産とともに家督《かとく》相続というかたちで継承されました。多くは長男が単独相続し、ほかのきょうだいへの財産分与はありませんでした。

最高裁大法廷

最高裁判所には長官を含む十五人

うかたちで判断されます。

　いままでのところ、同性二人で婚姻届を出して不受理《ふじゅり》になり、それが憲法二十四条に照らしてどうなのかを争う、そのような裁判が提起されたことはありません。もしも訴訟が提起されれば、憲法裁判として最高裁判所の大法廷まで行くでしょう。最高裁がどのような判断を下すか、これは見ものです。

　憲法が同性パートナーシップによる結婚を禁ずるものではないという判決が出れば、それにともなって、男女間にのみ適用することで制定されているもろもろの法律や制度も、憲法違反として、すべて同性二人間にも準用することが求められるでしょう。裁判所による、いわゆる「違憲立法審査権《いけんりっぽうしんさけん》」の発動です。

　だれが原告として提訴するのか、そのときの弁護団や支援の体制はどうするか。課題はいろいろありますが、提起されればきわめてチャレンジングな闘いとなるでしょう。

　一方、裁判の提起の仕方として、憲法二十四条は同性パートナーシップを認めるのかどうかを真正面から問うほかに、現行の制度が同性パートナーシップにも適用されるのかを個別に問うやり方もあります。一例では、都営や市営など公営住宅の申し込みは「同居親族のあること」が条件ですが（Q6参照）、同性パートナーとともに住宅を申し込んで、はたして不受理になったとき、それを提訴して、同居親族に同性パートナーが含まれるかどうかを争う裁判も考えられます。

　法律にはたんに扶養者《ふようしゃ》とか同居親族《どうきょしんぞく》とかしか書かれていない場合があり、それに

の裁判官全員で構成する大法廷と五人の裁判官で構成する三つの小法廷があり、すべての事件は、まず小法廷で審理され、ほとんどの事件がこの審理および裁判で終了します。小法廷で審理した事件のなかで、法律、命令、規則または処分が憲法に適合するかしないかを判断するときなどに限って、事件を大法廷に移して審理および裁判をすることになります。

違憲立法審査権
　国会で制定した法律などが憲法に違反していないかどうかを裁判所が審査する権限。もし裁判所が、憲法二十四条が同性二人の婚姻を保証している（あるいは禁じていない）という判断をした場合、それとは矛盾する現在の法律や政令、省令、行政文書はすべて修正を余儀なくされることになります。

同性パートナーが含まれるのかどうかは明記されていません。実際にはどうなのか、私はそれを「法の口を割らせる」と称して、つぎの章からさまざまな場面を紹介しています。

はじめから憲法裁判をするのでなく、個々の事例を争ったほうがいいのではないか、とアドバイスする法学者もいます。

アドバイスする法学者

法学者の棚橋政行さん（早稲田大学大学院法務研究科教授）は、オンラインマガジン「SEXUAL SCIENCE」（〇六年六月号）の座談会で、つぎのように述べています。

棚橋「（裁判をするなら）結婚だと、やはり間口がすごく狭いですよね。憲法の問題もあるし、民法に『妻』とか『夫』とか書いてあるのは、男女を前提としているんだと、すぐ退けられる。そうではなくて、遺族年金だとか、扶養控除だとか、もっと生活に密着したものをやったほうが（いい）」

全文は座談会「身近な不利益を点検し、必要に応じて提訴も」

（http://www.medical-tribune.co.jp/ss/index.html）

プロブレムQ&A

II

住民票と住居、さまざまな家族向けサービス

――どうなる編1

Q3 同性パートナーと、結婚式が挙げられますか？

同性のパートナーと、宗教儀式や披露宴を行なうなど、一般と同様のかたちで結婚式を挙げたいと思います。結婚式場や宗教者の対応はどのようなものですか？

ホテルは、宗教を理由に「お受けできません」

結婚式のスタイルは現在、とても多様化しています。神社や教会など宗教法人が結婚式場を併設《へいせつ》して行なうもの、以前からの専門結婚式場やホテルのウェディング部門はもちろん、一軒の家屋やレストランを借り切ってゲストを招くゲストハウス婚・レストラン婚、海外やリゾート地（北海道、軽井沢、沖縄など）へ出かけて挙式する海外婚・リゾート婚などなど。

専門の結婚式場やホテルのほかにも、ゲストハウスやレストランにも教会堂が併設されているものが少なくありません。バージンロードの行進など「見せ場」の多いキリスト教式に刺激されてか、神前式でも境内《けいだい》を本殿まで行列する「参進《さんしん》の儀《ぎ》」を取り入れるなど、新しい工夫も見られます。

多様化する挙式スタイルにあわせて、宗教法人、ホテル、レストラン、旅行社、料亭、ウェディングプロデュース会社などが結婚ビジネスに名乗りをあげています。

こうした業者は、同性の結婚式にも対応してくれるでしょうか。

結婚式場などを網羅《もうら》する結婚情報誌『ゼクシー』（リクルート）に載っている都内のホテルやリゾート婚の業者などのうち、メールアドレスを掲載していたところを無作為《むさくい》に抽出《ちゅうしゅつ》して問い合わせを送ってみました。内容としては、同性のカップルでも挙式（いわゆる人前式ではなく、宗教者による儀式も執り行ない、披露宴を行なう）をすることができますか、というものです。

半数ほどから回答が送られてきましたので、その一部をご紹介しましょう（相手名は伏せます）。

回答A　当館のキリスト教式の司式《ししき》をしてくださる牧師先生へ相談したところ、「結婚は男と女が神さまに導かれて、永遠の愛を神さまの前で誓う」もので、その誓いに反する同性の婚姻は司式できないそうです。一提案として、宗教には関係なく、人前式はいかがでしょうか?

回答B　当ホテルでは同性のカップルの挙式・披露宴は承っておりません。過去、そういった事例がなく、そのような挙式・披露宴のスタッフスキルが足りない。

回答C　いままで同性のカップルの挙式、披露宴を承ったことがございません。また、挙式につきましては弊ホテルでお願いしている牧師、神官ともに従来からの慣習にもとづく挙式しか経験がございません。

回答D　私どもでは初めてのケースなので、正直言いまして少々困惑をしております。私個人としては、お受けしたいと思っておりますが、上司と確認を取りたい。（その後、返信なし）

回答E　当教会の牧師先生（外国人宣教師）は同性カップルの結婚・挙式を認めておられませんので式典を行なうことができません。

回答F　一　神前式――当ホテル内の神前式を執り行なっております神官より前例がないため現状では承ることはできませんとのことでした。

二　キリスト教式――当ホテルでの教会式を執り行なっております宣教団より現状では各宗派の集まりである超党派での一致した見解が構築されておらず現段階では検討中であり、いま少しお時間をいただきたいとのことでした。

三　宴内人前式および披露宴――具体的なご要望を伺いましてからご相談をさせていただきます。

残念ながら無条件で即、お受けできます、という回答はありませんでした。

なお、こうした式場での挙式は八十人規模の場合、挙式料、宴会場、料理、飲み物、衣装代などでおよそ二百万円。ほかに引き出物代や、さまざまな趣向をこらせば、およそ三百万円近くがかかるようです。

新しいウェディングプロデュース会社も登場

さて、ウェディング業者は、本当に同性での挙式には対応してくれないのでしょうか。インターネットで検索してみると、それでも同性カップルの挙式を取り扱うウェディングプロデュース会社が無いでもないようです。

その一つ、「Le Cœur《ルクー》」のウェディングデザイナー山川優さんはこう語ります。

「私たちがウェディングプロデュース事業を行なううえで、同性カップルのかたも異性カップルのかたとおなじように祝福してさしあげたい、どうしてそれができないのだろう、とごく自然に思いました。それでこの五月（二〇〇八年）、ウェブサイトにもその旨を表明しました。始めたばかりで、お問い合わせや実際に挙式されたカップルはまだいらっしゃいませんが」

「私たちでご用意できるのは、提携している六本木や銀座のレストランでの人前式の挙式やパーティーになります。残念ながら私たちのネットワークのなかでは、同性カップルの司式をしてくださる宗教者をご紹介することができないのですが」

どうしてホテルや従来の結婚式場では、同性カップルの挙式を受け付けないのでしょう。

「宗教者との兼ね合いもあるでしょうし、いくつも宴会場のあるホテルとしては、同性カップルの挙式がほかのお客さんの目に止まったりすることで、無用の誤解を受けたり摩擦を起こしたくないのかもしれません。私どもと提携のあるホテ

ウェディングプロデュース会社の例

「Le Cœur」
http://ameblo.jp/le-coeur-yy/

「ゲイウェディングベル」
カナダでの同性婚姻をサポートしたり、セクシュアルマイノリティに理解あるキリスト教牧師の司式での結婚式をプランニングしている。
http://gayweddingbell.com/

人前結婚式

人前結婚式の例として、故春日亮二氏（ゲイ向けインターネットサービス会社の草分け「スタジオ・スタッグ」社長）とパートナーとのものが著名です。結婚に代わる養子縁組のさいに、その披露宴を都内の鉄道会社系ホテルで行ない、百人近くが出席し、ホテル側には「ゲイカップの人前結婚式」であることは伝えて契約しま

ルでは、宴会場がその階に一つしかないので、そういうところでは可能だと思います」

まだまだこの業界の対応は厳しいものがあるのかもしれませんが、「なかなか公に出られないお二人かもしれませんが、どうぞご安心ください。真白なウェディングドレスに身を包み、人生最大の記念日を作り上げましょう」とウェブサイトで表明するル・クーの姿勢は、とても共感をもてるものでした。

宗教者のなかにはどんな動きがあるか

ホテルなどの回答には、宗教者が司式できないと言っているので、という理由が散見されました。実際、同性カップルの結婚式をめぐって宗教者はどう考えるでしょうか。

日本キリスト教団の平良愛香《たいらあいか》牧師は、自身がゲイであることをオープンにして牧師試験を受け、資格を与えられた、日本で最初の牧師さんです。

日本のキリスト教界の同性婚への対応について、平良牧師はこう言います。

「牧師によって対応はそれぞれです。『結婚は男女だけのもの』と考えている牧師や教会が圧倒的に多いのは事実ですが、『実際に同性結婚式を挙げたことがある』という牧師も何人も知っていますし、『うちの教会では同性同士の結婚式もできますよ』と言っている教会もあります。さらに、二人の契約である結婚をそもそも教会が権威をもって『承認』するのはおかしい、とさえ言う牧師だっています」

した。故意か偶然かは不明ながら、当日の宴会場はそのフロアーに一つのみで、貸し切り状態だったそうです。

コミュニティの同性結婚式

毎年六月、名古屋で行なわれる「Nagoya Gay & Lesbian Revolution (NLGR)」(ゲイ/バイセクシュアル男性向けのHIV啓発を主としたコミュニティ祭り)では、イベントの最後に「同性結婚式」が行なわれます。エントリーした挙式希望者(性別不問)に、有資格の「神父さま」(所属教派等は非公開)によるキリスト教式の司式が行なわれ、参加者一同で祝福するのが恒例です。

キリスト教式で挙式する場合は、どうすればいいのでしょうか。

「キリスト教式でさえあればいいのでしたら、同性カップルの結婚式を挙げてくれる結婚式場は意外とあり、探してみる価値はありそうです。ただ、どちらかが男役でもう片方が女役だと思いこんでいる式場もあるので、それを望んでいない場合はきちんと説明しなければならないでしょう。『本物の』教会で式をあげたい場合、これは男女であっても『すぐどうぞ』というものではありません。時間をかけて準備のときを持ちますし、半年以上カウンセリングを受け、礼拝など信徒としての経験を求める教会もあります。そのことを踏まえたうえで『同性愛に理解のある教会』『理解のある牧師』を尋ねてみてはいかがでしょうか」

宗教界・宗教者のがわでも、これまで目を向けてこなかった、あるいは一方的に断罪《だんざい》の対象としてきたセクシュアルマイノリティへの認識を改める動きがあることには、勇気づけられます。それが結婚式というものにも、これから反映されてくるのかもしれません。

コラム①

牧師は同性の結婚式をどう考えるか

平良愛香牧師に、同性間の結婚をめぐってお話をうかがいました。

――同性の結婚式の司式について、平良さんは牧師としてどういうスタンスやお考えをお持ちですか？

結婚とは二人の人間が（可能な限り生涯）共に支え合って生きていく、という二人の契約そのものだと考えています。ですから、かならずしも式が必要なわけではないし、宗教が必要なわけでもないでしょう。ただ、なんらかの超存在的な力（キリスト教では神）によってこの契約にお墨付きをもらいたい、支えてもらいたい、という思いが宗教を用いた結婚であり、その契約を特別な人生の区切りとして形にするのが結婚式だと言えます。司式はその手伝いであり証人です。

ですから、結婚しようとする二人が本気で共に支え合って生きていこうとしていることを確認でき、また賛同できれば同性同士であっても司式をしていいと思っていますが、そうでなければ異性同士であっても司式はできません。

ちなみに誰であれ私が司式を頼まれたときは、「なぜ恋人のままではなく結婚をしようと思ったのか」「なぜこの人と結婚しようと思ったのか」「なぜキリスト教式でしたいと思ったのか」の質問をしています。

――日本のキリスト教界では、同性の結婚式の司式の希望へはどう対応されるでしょう。同性婚への認識など、現状を。

それは牧師によってそれぞれです。「結婚は男女だけのもの」と考えている牧師や教会が圧倒的に多いのは事実ですが、「実際に同性結婚式を挙げたことがある」という牧師も何人も知っていますし、「結婚式を挙げたいので、方法を教えてほしい」と、私に相談に来る牧師もいます。「うちの教会では同性同士の結婚式もできますよ」と言っている教会もあります。

ちなみに「結婚というのは二人の契約なのだから、教会が権威をもってそれを『承認』したりするのはおかしい」という、（男女であっても）結婚そのものに疑義を示す牧師もいます。本当に牧師それぞれですね。

――キリスト教界には、同性愛者や、他のセクシュアルマイノリティに対して、新しい認識の動きがありますか?

大いにあります。いままで存在そのものが知られてなかったり、「罪」の存在として片づけられていたセクシュアルマイノリティが、じつは社会のなかで隅に追いやられていた人びとである、ということに教会が気づき始めました。そこから、断罪や叱責《しっせき》が本当に正しいのか、という吟味《ぎんみ》が始まっています。もちろんその結果、「やっぱり認められない」という判断をする教会も少なくありませんが、「今までていねいに考えてなかっただけで、じつはそのまま受け入れなければならない存在だった」ということに気づいた教会もたくさんあります。なお、現在一番多いのは「よく考えないといけない問題だとは思っているけど、まだよくわからない」と言っている教会のようです。

――同性の二人がキリスト教式で司式をしてもらいたい場合、どうすればいいですか。結婚式まではどんな準備がありますか。

「キリスト教式」でさえあればいいのでしたら、同性カップルの結婚式を挙げてくれる結婚式場は意外とあります。一覧表はまだ見たことはありませんが、探してみる価値はありそうです。ただ、どちらかが男役でもう片方が女役だと思いこんでいる式場もあるので、それを望んでいない場合はきちんと説明しなければならないでしょう。

結婚式場ではなく「本物の」教会で式をあげたい場合、これは男女であっても「すぐどうぞ」というものではありません。半年以上カウンセリングを受け、その教会の礼拝に出席するなどの条件を課しているところもあります。そういったことを踏まえた上で、「同性愛に理解のある教会」「理解のある牧師」というところを尋ねてみてはいかがでしょうか。これも「一覧表」があるわけではないのですが……。

かつて私が代表をしているセクシュアルマイノリティのクリスチャンのグループ「キリストの風」集会が「あなたの教会は同性愛者を受け入れていますか」「同性結婚をあげることができますか」というアンケートを実施したことがあり、ホームページでその結果を見ることができます。少し古いですがご参照下さい（http://church.jp/kaze/）。トップからアンケートのページに進めば見ることができます。「同性結婚式の可能性がある」と答えた教会も四十カ所近く紹介されています。

——同性愛者や、他のセクシュアルマイノリティに対して、他の宗教の宗教者にはなにか動きがありますか。

一九九九年には、これはゲイ向け雑誌の企画でですが、川崎の神社で男性同士の結婚式が行なわれてスポーツ紙などでも報道されました。神道全体でどう考えられているかはわかりませんが、宮司《ぐうじ》の「性の多様性などについて、まじめに考えるきっかけになるなら」という判断で結婚式が可能になったようです。

さて日本では創価学会内にセクシュアルマイノリティのグループがあるようですが、それ以外の宗教にはまだ公な動きはなさそうです。

けれども、どの宗教界にも当事者はおりますし、「きちんと受け止めなければならない」と言っている人たちもいます。最近ではさまざまな宗教でリーダー（いわゆる「聖職者」）をしているセクシュアルマイノリティたちが集まって話し合うことも始まっています。これからの課題として宗教界も考えていかねばならないでしょう。

Q4 同性パートナーと二人で戸籍や住民票を作れますか？

同性パートナーとの関係や、一緒に生活していることを公的に証明するために、二人で戸籍や住民票を作ることができるでしょうか？

戸籍、住民票とは

戸籍《こせき》は、日本国民の身分関係や家族関係を証明する書類です。天皇・皇族をのぞく日本国籍のあるすべての人について作成され、出生《しゅっしょう》、婚姻や離婚、養子縁組やその離縁《りえん》（養子関係を解消すること）、子の出生、本人の死亡など身分関係の変化があるたびに記録されていきます。戸籍にはすぐれたインデックス機能があって、保存されているかぎり何代もさかのぼることができます。

また、日本国民の性別は、この戸籍の父母との続柄欄《つづきがららん》における、長男、二男《じなん》、長女、二女《じじょ》などの表記によって表わされます。

戸籍は本籍地のある役所で管理されており、戸籍謄本《とうほん》などの請求は本籍地のある役所へ行ないます。本籍地とは、実際の居住地とは無関係で、日本の領土内で地《ち》番《ばん》のあるところならどこにでも置くことができるもの。いわば戸籍が立っている想像上の住所のことです。

出生、続柄

役所では出生は「しゅっせい」ではなく「しゅっしょう」と読みます。これは、戦前、徴兵の事務をおなじ戸籍係が行なっていたため、出生と出征（戦争へ行くこと）を混同しないための工夫で、「お役所読み」と言われるものです。

また、続柄は「つづきがら」と読み、「ぞくがら」は俗用の読みとされています。

それに対して住民票は、実際の居住地で世帯ごとに作られます。その人の氏名、生年月日、性別、住所などが記載され、あわせて世帯主との続柄が記載されます。戸籍も住民票も、本人であることの確認のほか、おたがいの身分関係（夫婦、親子など）を証明するための書類として大変重要なものです。

おもしろい住民票の「続柄」欄

戸籍に記録されるのは、身分関係の変化の届け出があったときです。戸籍は、分籍以外では、婚姻がなされたときに新たに編製されます。婚姻届を出さないいわゆる事実婚の場合には、戸籍にはなんの変化も起こりません。

現在、わが国には同性二人のパートナーシップを法的に裏づける制度がないので、同性二人が一緒に暮らそうがなにをしようが、戸籍に記録されるべき法的な身分変化はなにも発生しないと言えます。唯一、両人のあいだで養子縁組がされて戸籍上の親子となるとか、二人で一緒にだれかの養子になり戸籍上のきょうだいとなるなど以外には、二人で同一の戸籍に載ることはないでしょう。

ですので「同性パートナーと一緒に戸籍が作れるか？」には、原則「作れない」と答えざるをえません。

現住所をもとに作成される住民票ではどうでしょう。住民票は、そのメンバーがおなじ住所に住んで世帯を構成していることを証明するとともに、その世帯の世帯主との関係（続柄）を証明するものです。世帯主から見ての続柄が、そこには記

謄本と抄本

謄本とはコピー、写しの意味です。その書類に載っている全部の事項を写したものが謄本、その一部を写したものが抄本です。

本籍

上記のように、日本の領土内で地番のあるところならどこでもよいため、皇居や大阪城などを本籍とする人もいます。また、北方領土は日本の領土であるとの主張から、択捉島や国後島に本籍を置く人もいます。

ただし、戸籍は本籍地を所轄する役所で保管されるので、謄本などが必要な場合は、皇居は東京都千代田区、大阪城は大阪市中央区、また北方領土は根室市へ請求することになります。

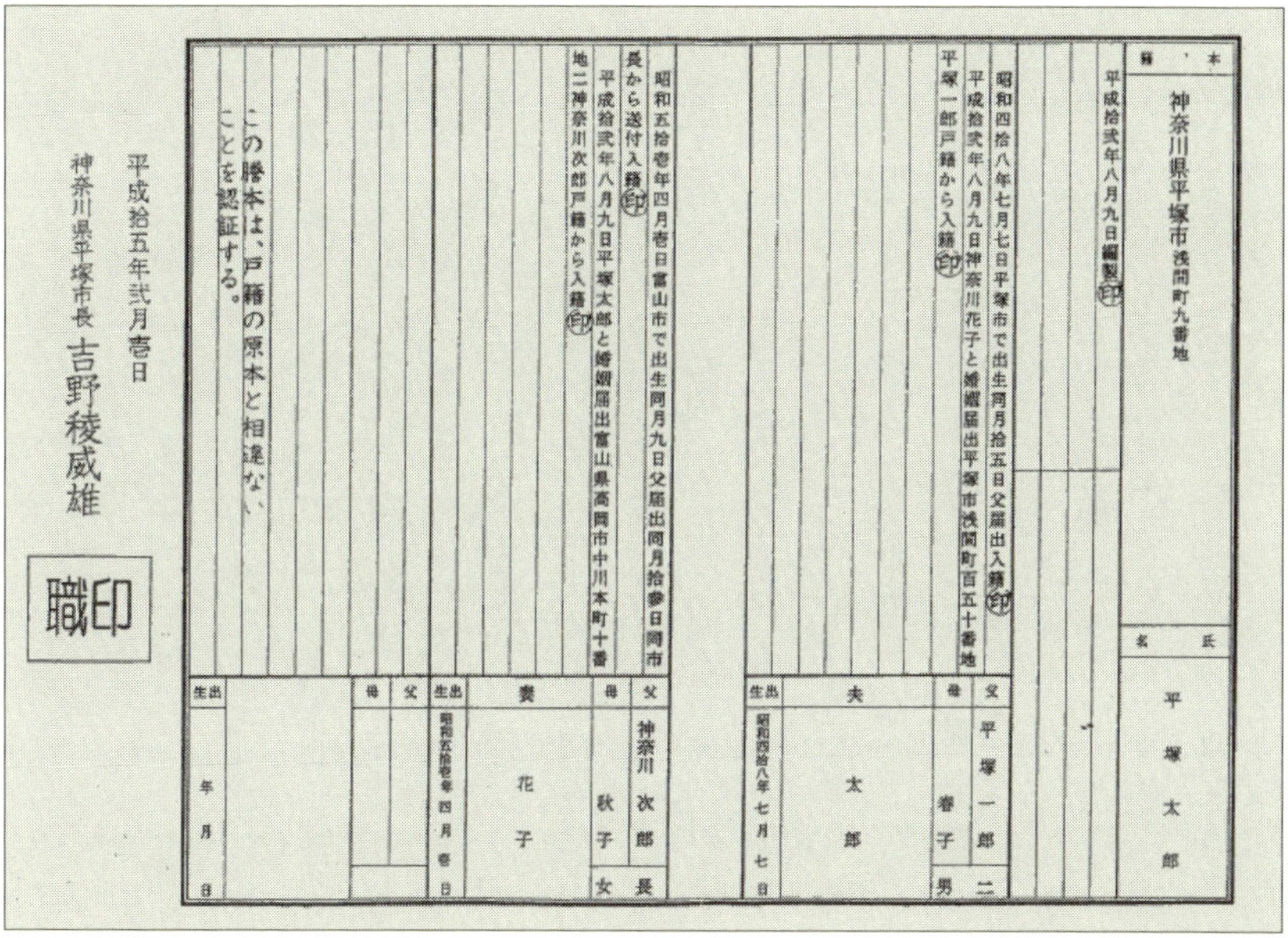
本籍 神奈川県平塚市浅間町九番地
氏名 平塚太郎
平成拾弐年八月九日編製㊞
昭和四拾八年七月七日平塚市で出生同月拾五日父届出入籍㊞
平成拾弐年八月九日神奈川花子と婚姻届出平塚市浅間町百五十番地平塚一郎戸籍から入籍㊞
父 平塚一郎 母 春子 二男
夫 太郎
生出 昭和四拾八年七月七日
昭和五拾壱年四月壱日富山市で出生同月九日父届出同月拾参日同市長から送付入籍㊞
平成拾弐年八月九日平塚太郎と婚姻届出富山県高岡市中川本町十番地二神奈川次郎戸籍から入籍㊞
父 神奈川次郎 母 秋子 長女
妻 花子
生出 昭和五拾壱年四月壱日
父 母
生出 年 月 日
この謄本は、戸籍の原本と相違ないことを認証する。
平成拾五年弐月壱日
神奈川県平塚市長 吉野稜威雄
職印

戸籍の仕組みと見方

戸籍は現在、コンピューター化されてきていますが、従来の紙の戸籍でその仕組みをご説明します。

戸籍の一番はじめに「本籍」が、その下の氏名欄に「戸籍筆頭者」が書かれます。本籍は本文で述べたように、この戸籍が立っている住所で、現住所と一致しない場合もあります。また、戸籍筆頭者はこの戸籍の代表者で、本人が死亡しても、この戸籍のなかのメンバーが死亡・婚姻・分籍などで全員いなくなるまで戸籍筆頭者のままです。つまり、本籍と戸籍筆頭者は、この戸籍を検索するさいのインデックスの役割を果たしています。また、あとの欄ではメンバーの名前だけが書かれるのに対し、戸籍筆頭者のみ苗字と名前の両方が書かれています。この苗字（氏《うじ》）が、この戸籍のメンバーの全員の氏であることを示しています。

つづく二段の部分には、この戸籍が作られたいきさつなどが書かれます。この図版では２人が婚姻したことによりこの戸籍が編製されたことがうかがえます。

つづいてこの戸籍のメンバーの欄がつづきます。夫「（平塚）太郎」の上欄の身分事項欄には、「平塚市浅間町百五十番地平塚一郎」戸籍から入籍とあります。この戸籍以前の太郎の身分事項は、「平塚一郎」戸籍に載っていることがわかります。このようにして、本籍と戸籍筆頭者を手がかりに本人の一生の戸籍を、さらに先祖の戸籍をたどっていくことができます。この作業は、のちに遺産相続のさいにも必要になります。

この戸籍のメンバーがいなくなると、その名前が大きく×印で消されます。妻「花子」が離婚してこの戸籍から出ていくと、名前のうえに×印が書かれ、これがいわゆる「バツ一」の語源です。

載されています。

法的に結婚していれば妻と記載されたり、子どもであれば、長男とか長女と記載されます。

入籍しない事実婚の夫婦の場合はどう記載するのでしょう。その場合は、「未届けの妻／夫」との記載がされます。いずれ婚姻届を出して、法的に妻／夫となることを前提としている夫婦である、との意味です。

では、法律上は離婚したけれど、事情からそのまま同居している元夫婦などはどうでしょう。その場合は、「同居人」という表記が使われることがあるそうです。さらに、夫（世帯主）と妻との世帯に夫の父母が同居していて、夫が死亡して妻が世帯主となった場合、そのまま死去した夫の父母が同居しつづけていれば、新しい世帯主とはどんな続柄となるでしょう。義父母などと書くのでしょうか？　この場合、「縁故者《えんこしゃ》」などの表記が使われることもあるそうです。

しかし、これらはいずれもイレギュラーな場合として、やがて住民票は分割され、それぞれを世帯主とする複数の住民票が同一住所のうえにある、という状態にしていくのが原則だそうです（以上は、筆者の居住区の区役所担当者の談）。

おなじ住所に二枚の住民票

さて、おたずねの「同性パートナーと一緒に住民票が作れるか？」です。

一緒に住んでいるのだから、これは世帯を構成していると思われます。しかし、同性パートナーのあいだには法的関係はないため、同一世帯としてひとつの住民票を作ることはできません。それぞれが世帯主である二枚の住民票が同一住所のうえにある、というかたちになります。いわば社員寮の入寮者、老人ホームの入所者の住民票などとおなじパターンだというわけです。

　このように、現在の戸籍や住民票の制度では、住民票の現住所によって二人が

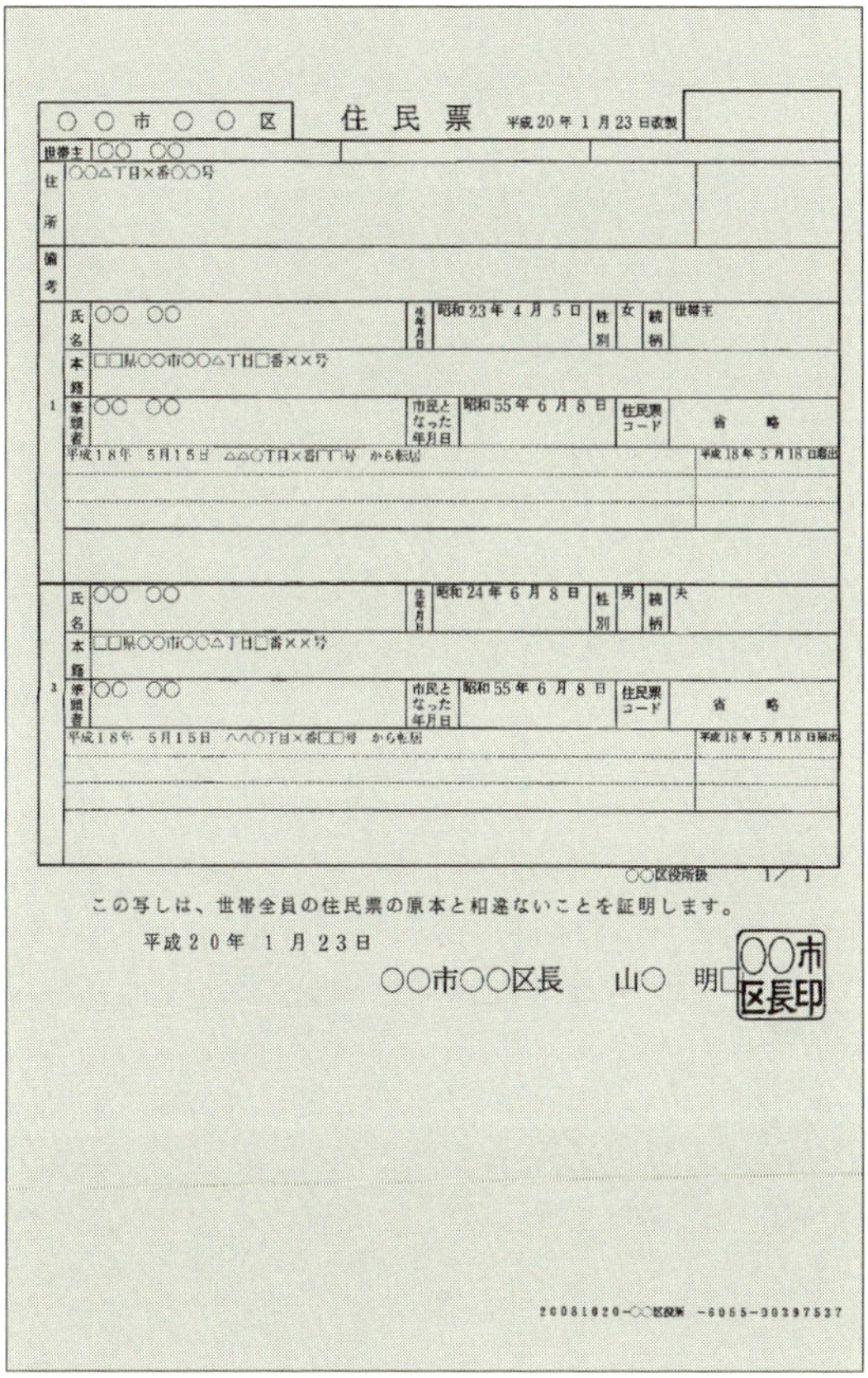

○○市○○区　住民票　平成20年1月23日改製

世帯主　○○　○○

住所　○○△丁目×番○○号

備考

1　氏名　○○　○○　生年月日　昭和23年4月5日　性別　女　続柄　世帯主

本籍　□□県○○市○○△丁目□番××号

筆頭者　○○　○○　市民となった年月日　昭和55年6月8日　住民票コード　省略

平成18年　5月15日　△△○丁目×番□□号　から転居　平成18年5月18日届出

氏名　○○　○○　生年月日　昭和24年6月8日　性別　男　続柄　夫

本籍　□□県○○市○○△丁目□番××号

筆頭者　○○　○○　市民となった年月日　昭和55年6月8日　住民票コード　省略

平成18年　5月15日　△△○丁目×番□□号　から転居　平成18年5月18日届出

○○区役所扱　1／1

この写しは、世帯全員の住民票の原本と相違ないことを証明します。

平成20年　1月23日

○○市○○区長　山○　明□　○○市区長印

住民票の仕組みと見方

　住民票は、自治体ごとにさまざまな様式で作成されていますが、書かれる内容はおなじものです。住民票は世帯ごとに作成されるので、はじめに世帯の住所と世帯主が書かれ、以下に世帯メンバーの欄がつづきます。戸籍の本籍地が地番までなのに対し、住民票の住所は建物名などまで記載されます。

　世帯メンバー欄には、氏名、生年月日、性別、世帯主との続柄があります。本籍の表示欄もありますが、写しの交付のさいには省略もできます。

おなじ場所に住んでいるということを証明する以外には、両者のあいだにパートナーシップの関係があることを裏づける証明にはならないと思われます。

Q5 同性パートナーと一緒にマンションを借りられますか？

今度、パートナーと一緒に住もうと思います。二人で住める賃貸マンションを探しているのですが、名義も二人の名義で借りられるでしょうか？

契約とは、双方の自由意思

二人で住みたい、居住をともにしたい――同性・異性にかかわらずパートナーシップを営む人の多くが抱く希望ではないでしょうか。実際、居住をともにし、生活を共同化することで、一人ひとりが別個に支払っていたよりも、住居費や水道光熱費、食費などをかなり節約することもできるでしょう。昔から「一人口《ひとりぐち》は食われんが、二人口《ふたりぐち》は食われる」と言いますね。

さて、法律上は赤の他人である同性の二人が、一緒に住居を借りることは可能でしょうか。

現在、若者のあいだではルームシェアが流行しています。一つの物件を二人（以上）で借りて、家賃や水道光熱費などもシェアするライフスタイルです。ルームメイトを見つけるためのインターネットの掲示板もありますし、ルームシェア歓迎の物件も見られるようになりました。

賃借人の死亡と賃借権

建物あるいは土地の借り主が死亡した場合、その賃借権は相続されます。相続ですので、地主や家主の承諾は必要なく、名義書換料なども支払う必要はありません。

相続人なくして建物の賃借人が死亡した場合、たとえば内縁の妻などは法的関係がないので相続が起こらないのですが、そのまま住居に住むことを認めないと生活に支障が生じます。そこで方法としては、民法九百五十八条の三により特別縁故者ととはいえ、ルームシェアは学生など若者向きのライフスタイルとしては、家主や不動産業者に認知されていても、二人がある程度の年齢以上の場合には、かならずしも貸し主との交渉がスムーズにいくとはかぎらないようです。

住居の賃貸は「契約」行為ですから、あくまでも貸す側と借りる側の自由意思にもとづきます。貸し主に、貸さなければならない義務があるわけではありません。家賃の支払い能力があり、万一の場合の保証人も立てられ、部屋をきちんときれいに使用しつづけてくれる（善良なる管理者としての注意義務を果たす）、そうしたことの交渉のうえに、最後は双方の合意によって賃貸契約が成立するわけです。

そして、いったん契約が成立して借りるとなったうえは、契約書にない住み方をしていることがわかった場合には、それは契約を解除される口実となりかねません。

個人の自己責任がいわれ、契約ということへの理解が求められている今日、住宅を借りることについてもこのことは認識しておく必要があるでしょう。

居候戦術のネックは、あらかじめ知っておいて！

二人で住める住居を探す場合、基本的には「表玄関」から入るよりないでしょう。つまり、法律上の親族ではない二人が一緒に住みたいということを言って、不動産屋さんをコツコツとあたることです。また、二人の事情をわかってくれている不動産屋さんや大家さんなど、友人の紹介などを頼って探ることもよいでしょう。

して賃借権を分与する方法があります（特別縁故者についてはQ30参照）が、手続きが面倒です。

借地借家法三十六条は、「居住の用に供する建物の賃借人が相続人なしに死亡した場合において、その当時婚姻又は縁組の届出をしていないが、建物の賃借人と事実上夫婦又は養親子と同様の関係にあった同居者があるときは、その同居者は、建物の賃借人の権利義務を承継する」と定めています。この「相続人なしに」とは、法定相続人全員がすでに死亡していたり、相続人全員が相続放棄した場合をいいます。

以上のことから、名義人の死後、契約の名義人になっていない同性パートナーがその借家に住み続けたい場合は、

1　賃借権は相続されるので、かねてから遺言状をつくって同性パー

賃貸契約をする場合は、契約書のうえでも、二人それぞれを借り主にすることが重要です。

一人の名義で借りて、（秘密裏に）もう一方がそこに居候《いそうろう》する、ということがよく行なわれています。そうせざるをえない現実があることは、よくわかります。しかし、二人名義で借りた場合とくらべて法律的にはさまざまな違いが生じてきます。

さきにも述べたように、契約書にない同居人がいることは、契約とは異なる住まい方をしている点で、契約解除の口実とされかねません。また、そういう事態になっても、これに反論するすべはありません。

名義人が死亡や行方不明になった場合には、居候している人は貸し主とのあいだになんの契約関係もないので、貸し主が契約の続行を拒否した場合には、ただちに退去しなければなりません。二人が名義人の場合は、そうした心配はありません。

また、居候しながら家賃を折半していることは、居候から名義人への贈与になり、その合計年額が一一〇万円を超える場合、厳密には贈与税の申告が必要です。だからといって名義人と居候のあいだで賃貸借契約を結ぶことは、おそらく「また貸し」を禁じている契約内容に違反するでしょうし、今度は名義人に事業収入が発生して、ますますややこしいことになります。

一人が借りてもう一方が居候という「戦術」を、本書ではかならずしも推奨《すいしょう》しませんが、やむをえず行なう場合には、こうした法律上の弱点があることをあらかじ

トナーを相続人に指定しておく。

2　遺言なく死亡した場合は、借地借家法三十六条にもとづく事実上の養子などの事由によって、家主側と交渉してみる。

3　その場合は、名義人側の法定相続人の理解を得て相続放棄してもらうなどの手続きが必要（事実上のカミングアウトが必要かもしれない）。

といえます。

保証人と連帯保証人

よく聞く二つの言葉ですが、法律上はハッキリとした違いがあります。例えば、Aさんの負債（家賃の未払いとか借金など）の支払いを求められた場合、あなたがAさんの「保証人」の場合、「（差し押さえなどする場合は）まずAさんの財産を差し押さえてください」と言えます。

め了解のうえ臨《のぞ》んでください。

なお、二人名義での契約を急ぐあまり、二人がきょうだいであるとかいとこであると詐称《さしょう》することも、逆に戸籍謄本や住民票での証明を求められてヤブヘビになることがあるかもしれません。

家賃支払いを滞らせないために

二人それぞれを名義人にして契約するためには、借りる側の二人のそれぞれに定職や定収入があり、たとえ家賃の支払いが困難になってもそれをただちに代行する連帯保証人がいることが必要でしょう。貸し主は、二人が同性パートナーの関係であるうんぬんよりも、まず家賃の未払いが起こらないかを心配するものですから。

連帯保証人には親を頼むことが多いのですが、すでに親が亡くなっているとか、年金収入だけで保証を請け合えない、また親に頼みたくない、ということもあります。かんたんな資格審査で保証人を頼める信用保証業者もありますので、不動産屋さんなどと相談しながら活用してみてもいいでしょう。

これは貸し主に対してだけでなく、一緒に借りる二人のあいだでも大切なことだと思われます。

しかし、「連帯保証人」の場合は、ただちに支払い・返済や財産の差し押さえに応じる義務が生じます。

また、支払いに応じる場合も、保証人が複数いる場合は、その頭数で割った金額についてのみを支払えばすみますが、連帯保証人の場合は、請求された人が全額を支払う義務があります。通常、契約では連帯保証人を立てることが要求されます。

信用保証業者

登録料や保証費用を支払うことで、その会社が契約書において連帯保証人となってくれるもの。

Q 6 同性のパートナーと公営住宅を申し込むことができますか？

都営住宅は収入に応じて家賃が安くなると聞いています。同性パートナーと一緒に都営住宅への入居を希望していますが、申し込むことはできるでしょうか？

事実婚の夫婦は公営住宅に申し込みＯＫ

都営住宅や市営住宅など、自治体が運営している住宅があります。公営住宅といいます。主として所得が低い層に対して住居を保障するもので、自治体が直接、建設・運営しているものや、民間の住宅を借り上げて供給しているものなど、いくつかのパターンがあるようです。

公営住宅は、入居の申し込みに所得制限があり、低所得者層が優遇されていたり、家賃も一律ではなく所得に応じて変動したりします。同性パートナーシップでも、「男社会」のなかで高収入を得やすい男男パートナーシップを営む人の場合はともかく、女性どうしで低収入を余儀なくされる場合がある女女パートナーシップを営む人には、公営住宅への入居を希望する人たちも多いでしょう。

また、公営住宅は入居のさいに保証人が不要だったり、民間アパートのような更新料制度がないなどのメリットもあります。

この公営住宅は、公営住宅法という法律にもとづいて運営され、入居の資格にはつぎのような規定があります。

「現に同居し、または同居しようとする親族があること」（公営住宅法二十三条）

つまり、公営住宅は一部の単身者向け住宅（障がい者や高齢者用）をのぞいて、基本的に「家族」向けであるということです。そしてこの親族には、法の条文に「婚姻の届出をしないが事実上婚姻関係と同様の事情にある者その他婚姻の予約者を含む」と明記されています。これは、いわゆる事実婚をふくむことを意味しています。

では、この親族に同性のパートナーはふくまれるのでしょうか。

同性パートナーシップでの申し込みを、法律は想定していない

私は以前、自分が発行していた雑誌ルポの取材で、都営住宅の申し込み窓口でこのことを聞いてみたことがあります。答は、もちろん「ノー」でした。同居親族のなかに、同性二人での組み合わせはそもそも想定されていないというのです。

では、いわゆる血族や法律婚だけが家族ではない、家族の多様化が言われている現在、都営住宅がそれに対応していくという予定はないのでしょうか。窓口氏が言うには――

「家族形態が多様化していることはわれわれも認識していて、上のほうではなにか検討はしているでしょうが、それがいつごろ、どういうかたちで私どものところ

公営住宅のいろいろ

公営住宅

低所得者を対象に県や市など自治体が、公営住宅法にもとづき、安価に提供する賃貸住宅。都営、県営、市営住宅など。低所得者対象のため、応募や入居には所得制限がある。抽選で入居者が決まり、高倍率である。

公社住宅

自治体が運営する住宅供給公社が供給する住宅。内容的には、つぎのUR賃貸住宅（旧公団住宅）と同様。入居条件は自治体・公社ごとに異なるが、保証人を必要とするところが多い。しかし、URと同様、礼金・更新料・仲介手数料がかからないところが多く、人気もある。公営住宅法の縛りがなく、自治体ごとの基準で運営できる。

公営住宅法（抜粋）

第一条（この法律の目的）　この法律は、国及び地方公共団体が協力して、健康で文化的な生活を営むに足りる住宅を整備し、これを住宅に困窮する低額所得者に対して低廉な家賃で賃貸し、又は転貸することにより、国民生活の安定と社会福祉の増進に寄与することを目的とする。

第二十三条（入居者資格）　公営住宅の入居者は、少なくとも次の各号（老人、身体障害者その他の特に居住の安定を図る必要がある者として政令で定める者（次条第二項において「老人等」という。）にあつては、第二号及び第三号）の条件を具備する者でなければならない。

一．現に同居し、又は同居しようとする親族（婚姻の届出をしないが事実上婚姻関係と同様の事情にある者その他婚姻の予約者を含む。第二十七条第五項及び附則第十五項において同じ。）があること。

二．その者の収入がイ、ロ又はハに掲げる場合に応じ、それぞれイ、ロ又はハに掲げる金額を超えないこと。

イ　入居者が身体障がい者である場合その他の特に居住の安定を図る必要があるものとして政令で定める場合

　入居者又は同居者の居住の安定を図るため必要なものとして政令で定める金額以下で事業主体が条例で定める金額

ロ　公営住宅が、第八条第一項若しくは第三項若しくは激甚災害に対処するための特別の財政援助等に関する法律第二十二条第一項の規定による国の補助に係るもの又は第八条第一項各号の一に該当する場合において事業主体が災害により滅失した住宅に居住していた低額所得者に転貸するため借り上げるものである場合

　災害により滅失した住宅に居住していた低額所得者の居住の安定を図るため必要なものとして政令で定める金額以下で事業主体が条例で定める金額

ハ　イ及びロに掲げる場合以外の場合

　イ又はロの政令で定める金額のいずれをも超えない範囲内で政令で定める金額

三．現に住宅に困窮していることが明らかな者であること。

へ降りてくるのか、ここはあくまで募集作業の現場ですからわかりませんね。実際に社会的にそーいう人たちがたくさんいて、暮らしているという話になったときには、アメリカなんかは法律もできたりしているわけで、それの善し悪しは別として、日本だったらどういう判断をするのか。国会でどういう議論になるかですね」
（『にじ』創刊号、ルポ「同性パートナーシップは公営住宅を申し込めるか」二〇〇二年六月）

なんとなく引っかかる物言いは置くとして、まだまだ道遠しです。でも、実際には「そーいう人たちがたくさんいて、暮らしている」のですが……。

では、同性二人で都営住宅が申し込めないなら、緊急避難的に、養子縁組をして法律上の親子として申し込んだ場合にはどうでしょうか。ともかく法律上の親子であり、一方が一方に扶養される関係であれば、受理はされるでしょう。世の中には、夫が早く亡くなった妻と夫の親とで同居をしようというパターンも無いわけではないでしょうから。しかし、一時の便宜で行なうには養子縁組は少し重過ぎるかもしれませんし、「擬装養子」であることが明らかになって揉《も》めることも無いとは言いきれません。

いずれにしても同性パートナーどうしで公営住宅に入居することは、公営住宅法が改正されないかぎり困難だと言えるでしょう。そして法の改正のためには、法律をつくる場、すなわち国会に、そういう声を届ける人がいなければなりませんが……。

ＵＲ賃貸住宅

公団住宅として親しまれた都市公団を前身とするＵＲ都市機構（独立行政法人都市再生機構）が運営する住宅。かならずしも安価ではなく、国の設立コンセプトは中堅所得層向けに「良質な賃貸住宅の供給」で、それなりの住宅をそれなりの家賃で貸している。しかし、礼金・更新料・仲介手数料がかからず、保証人も不要のため、人気が高い。申し込みには収入下限をクリアしていることが必要で、障がい者の場合、優遇がある。従来、公営住宅と同様の入居基準があったが、近年、一部団地を指定して非親族同士のルームシェアを導入した（Ｑ７参照）。

Q7 「公団住宅」には同性パートナーとともに入居できるのですか？

URの賃貸住宅（旧公団住宅）には同性パートナーどうしでも入居できると聞きました。どうすれば入れますか。ほかにもそんな住宅はありますか？

UR（旧都市公団）がハウスシェアリングを導入！

家族以外の者どうしで入居することは難しいと思われていた公営住宅の世界に、近年、少しですが変化があらわれています。

独立行政法人・都市再生機構（以下、UR）、これは昔の住宅都市整備公団ですが、URは抽選式で入るいわゆる公団住宅のほかに、申し込みの先着順で入居できる賃貸住宅も運営しています。URは全国に多数の物件をもつ、日本最大の大家さんです。

URはその賃貸住宅のうち二〇〇三年秋から全国に三〇二カ所の団地を指定して、非親族どうしでも申し込める「ハウスシェアリング」の制度を導入しています。これは「単身の高齢者どうしが入居することもできる」などとして導入されたものですが、私の取材に対してURの広報は「同性愛カップルのかたの申し込みは想定されている」と答えています（ゲイ雑誌『Gメン』一〇六号、「Gメンジャーナル」）。

URのコンセプトは中堅所得層向けの住宅の供給なので、申し込みには世帯収入が基準額（三三万円／月）を超えることが必要ですが、民間の物件のように同性二人だというだけで拒否されることはなく、条件さえ整っていれば借りることが可能となったという点で、これは使える選択肢だと言えます。

また、UR賃貸住宅は保証人が不要、礼金・更新料・仲介手数料がかからず、敷金（三カ月）のみで入居可というのもおトクです。臨海部の高層マンションなど、高級で人気のあるマンションもありますが（七〇平米で月額家賃が二四万円強）、都市郊外にはリーズナブルな値段の住宅も多くあります（三DKで一四～一五万円など）。これならば女性どうしの場合でもシェア可能ではないでしょうか。

くわしい制度や物件情報はURのウェブサイトを見るか、近くのUR営業所へお問い合わせください。

大阪府の公社住宅にもハウスシェアリングが導入

もうひとつの朗報は、各自治体が独自に住宅公社などを設立して運営する公社住宅にも、動きがあることです。

公社住宅は、公営住宅法による公営住宅よりはもう少し弾力的な運営ができる住宅です。大阪府が運営する大阪府住宅供給公社の住宅にも、URと同様のハウスシェアリング制度が導入されました。

二〇〇五年九月の大阪府議会・本会議で、尾辻かな子・大阪府議（当時）は、「大

G-men JOURNAL
こちらGメン特報部
ゲイカップルに「公団住宅」解禁！
このコーナーでは、僕らにまつわる様々な問題を、ジーメン流の切り口で取材していきます。今月は住について考えます。UR賃貸住宅（旧・公団住宅）が打ち出したハウスシェアリングで、ゲイカップルの部屋探しが楽になるのか、検証します。

ゲイ雑誌『Gメン』記事

阪府住宅供給公社にも、ハウスシェアリング制度を導入していただきたい」という質問をしました。

これに答えて大阪府の建築都市部長は、多様な居住ニーズに対応するため前年度から入居基準を緩和して単身者の入居申し込みを受け付けていて、ハウスシェアリングについても、「既に導入を始めた都市再生機構の制度も参考にしながら、来年度早期のハウスシェアリング制度の実施に向け……取り組んでまいりたいと存じます」と答弁しました。これは都道府県では全国で最初のケースです。

尾辻さんは選挙で選ばれた議員として、日本ではじめて同性愛者（レズビアン）であることをカミングアウトした政治家です。この事例は、同性パートナーと暮らす当事者の生活ニーズを政治の場に伝え、実現させた点で、画期的だといえます。

同様の要望が、北海道でも北海道セクシュアルマイノリティ協会ほかの当事者団体によって道知事あてになされています。これからの行政の対応が見守られています。

尾辻かな子

一九七四年、大阪府生まれ。大学時代、議員インターンシップを経験して政治家を志す。二〇〇三年、大阪府堺市から大阪府議に当選。二〇〇五年、東京レズビアン&ゲイパレード（現東京プライドパレード）でレズビアンであることをカミングアウトし、同性愛者であることを公表する日本で最初の政治家となる。二〇〇七年七月、民主党の公認を得て参議院選挙全国比例区に出馬したが落選。現在、LGBT人権啓発の講演等を精力的に行なっている。著書に『カミングアウト　自分らしさを見つける旅』（講談社）ほか。

Q8 同性パートナーと一緒に住宅ローンを借りられますか？

同性パートナーと住宅を買う場合、二人で収入合算すれば銀行などでより多額の住宅ローンを組めると思います。同性パートナーどうしでも可能でしょうか？

「相続」が起こる関係でないと借りられない

人生の中盤以降になると、住宅を買うという選択をする人もいるでしょう。住宅ローンを借りるさいに、親子や配偶者と収入を合算《がっさん》して申し込めば、それだけ多くのお金を借りることができ、結果としてより希望に添った住宅を買ったり建てたりすることができるかもしれません。

こうしたとき、同性パートナーどうしの二人が収入を合算して住宅ローンを借りることはできるでしょうか。

結論としては、「まず、できない」と言えそうです。

住宅ローンは二千万とか三千万といった大きなお金を借りて、それを三十年など長期にわたって返済していくものです。貸す側（銀行）として一番心配することは、その間、返済のとどこおりがないかということです。

たとえば、夫婦や親子で借りた場合、そのうちのだれかが突然亡くなっても、

収入合算

住宅ローンを組むには、通常、毎月の返済額の四倍ないし五倍以上の月収があることが必要になります。そのために、同居予定者の収入を合算することでこの基準をクリアするのが「収入合算」です。

収入合算できるのは、つぎの条件を満たすうちの一人だけです。

・申し込み人の配偶者、父母や子などの直系親族、婚約者、内縁者関係にあること

ただちに法定相続が発生して権利関係が明確であり、トラブルはありません。しかし、法的関係にない二人の場合は、その一方が亡くなった場合、両者のあいだに相続は起こりません。法的関係にない二人のあいだで相続をするためには遺言《いごん／ゆいごん》を書く必要がありますが、たとえ両者のあいだにあらかじめ法的に有効な遺言があったとしても、貸す側としては、遺言はあとでどう書き換えられるかわからないし（遺言は最新の日付けのものが有効）、そもそもそうしたワケありそうな人たちには貸したくないでしょう。

そうしたことから、親子とか夫婦といった法定相続が起こる関係にあるものどうしでなければ、共同で住宅ローンを組めないのが現実です。きょうだいどうしでも、法定相続では配偶者間や親子が優先するので、住宅ローンは組めないと言われています。また、男女の夫婦でも事実婚など法的関係がない場合には法定相続が起こらないので、断わられる可能性が大きいでしょう。

共同で事業をしている場合、会社の財産にする

しかし、たとえば「家業の蕎麦屋を共同で経営する兄弟が共同で銀行から金を借りてビルを建て、一階を店舗、二階を兄家、三階を弟家の住居にしている」などという例があるかもしれません。

これは住宅ローンではなくて、取引先の銀行から事業融資を受けて建てたビルです。銀行との長年にわたるつきあいがあり、事業内容が精査されたうえでの融資

・連帯債務者となること
・申し込み日現在の年齢が七十歳未満であること

こうした条件を満たす場合、収入合算が認められます。

であって、住宅ローンのように、いわば飛び込みの一見《いちげん》さん（それほど甘くはありませんが）に対して貸すお金とは意味が違うでしょう。ビルの登記などについても、さまざまな工夫がされていることと思われます。

このことをヒントに、もし二人で会社を運営しながらなにか仕事をしていて、長年つきあいのある金融機関がある場合、融資を受けて仕事場と住宅兼用の物件を手に入れ、それを会社の財産として登記するという手も考えられます。これだと、一方が亡くなっても建物そのものは会社のものですから、もう一方がそのまま住み続けることはまったく可能でしょう。

登記

登記とは、大切な財産である土地や建物について、その物理的状況（所在、面積など）と権利関係（所有者の住所氏名、抵当権の有無・内容など）を、法務局（登記所）という国家機関が管理している帳簿（登記簿）に記載し、一般に公開することにより、不動産取引の安全と円滑を図る制度です。

登記は、土地・建物とも、それが存在する住所を管轄する法務局で行ないます。

Q9 同性パートナーと二人で二枚のキャッシュカードを発行してもらえますか？

家賃や水道光熱費の引き落としなどに共同の財布があると便利です。一つの預金口座にキャッシュカードを二枚発行してもらい、それぞれが所持したいのですが。

代理人カードと銀行の対応

預金口座に対して通常、一枚発行されるキャッシュカードをもう一枚、発行してもらうことができます。代理人カードと呼ばれるものがそれです。こうしたカードがあると、手数料なしに共通の口座へ入金したり、口座から引き出したりすることができます。もちろん、自分の口座の代理人カードを作ってパートナーに渡しておくと、同様の便利さがあります。

どういう人に対して代理人カードが発行されるのか、三大メガバンクと呼ばれる、みずほ、三井住友、三菱東京ＵＦＪの三行、そして旧郵便貯金であるゆうちょ銀行とを調べてみました。すると、金融機関によって二つにハッキリ対応が分かれました。

みずほならびに三菱東京ＵＦＪでは、本人と生計を一にする親族にかぎる、といった規定を設けており、発行は基本的に夫婦であるとか親子にかぎっています。

入籍していない、つまり苗字の違う事実婚の夫婦などの場合は、窓口で住民票などによって証明する必要がありますが、発行が難しい場合もあります。発行にかなり慎重な態度であることがうかがえます。

任意の人に可能な三井住友とゆうちょ銀行

一方、三井住友とゆうちょ銀行では、申請した任意の人にたいして代理人カードが発行されます。代理人カードの発行は口座の名義人から申し込まれ、発行されたカードは申し込んだ本人に送付され、そこから代理人に渡される仕組みとなっています。つまり、本人が知らないあいだに代理人カードが発行されるなどということはありませんし、暗証番号も申し込み者、つまり本人も知っている仕組みです。悪用等はないものと考えられているようです。

ご自分が使っている銀行が、代理人カードの発行についてはどう対応しているのかは、調べてみるとおもしろいと思います。また、新しく口座を開く場合、代理人カードへの対応を銀行の選択条件のなかに加えてみることも大切かもしれません。

Q10 携帯電話の家族割引を、同性パートナーと申し込めますか？

携帯電話には、家族で申し込むと安くなるサービスがあります。同性パートナーと申し込みたいのですが、可能でしょうか？

ケータイの家族割引って、なに？

携帯電話会社は、利用者を獲得するためにさまざまなサービスを用意していますが、家族割引もそのひとつです（名称は各社さまざま）。

これは複数の携帯電話を同一電話会社で申し込んだとき、基本使用料が割り引きされる、申し込んだ複数の携帯電話間の通話料が安くなる、携帯電話間でのメールが無料になる、設定されている無料の通信分がおたがいの電話間で分けあえる、などなどのサービスであり、これを申し込むことができるのは「家族」である、ということになっています。しかし、携帯電話各社で「家族」の定義や実際の運営には違いがあるようです。

携帯各社は同性パートナーシップにどう対応する？

そこで、ＰＨＳをふくむいわゆる携帯電話会社四社に、つぎの質問を送ってみました。

一　家族割引を受けられる家族の定義や範囲はどのようなものですか。
二　いわゆる入籍していない事実婚の夫婦は、家族割引の対象にできますか。
三「夫婦」同然に生活している同性愛のカップルは、家族割引の対象とできますか。

回答は一社をのぞいて、「質問者個人へのお答えであり、引用や紹介はご遠慮ください」とのことですので、ここでは全社名を伏せて、各社の回答の要旨をご紹介することで、対応の傾向や違いを見てみることとしましょう（サービス名称は、「家族割引」で統一してあります）。

A社

家族割引を受けられるのは、「同一名義で複数回線をご利用のお客様」または「主回線契約者様と副回線契約者様のご関係が三親等以内のご家族様」とのことで、この定義による家族であることが確認できれば、名字や住所が違っても、家族割引を受けることが可能です。

しかし、事実婚の夫婦や同性愛カップルは、「三親等」の条件を満たさない（法的には他人）ので家族割引を利用できない、との回答でした。

親族、血族、姻族、親等

民法は親族の範囲を、「六親等内の血族」「（本人の）配偶者」「三親等内の姻族」と定めています（民法七百二十五条）。

血族は直接、血のつながりのある人、姻族は結婚によってつながっている側の人です。

親等は、親子を一親等として、共通の親にまでさかのぼって世代数を数えてこれを求めます。

本人から見て、父母や子は一親等、きょうだい・孫・祖父母は二親

B社

家族割引を受けられるのは、「血縁（血族）・姻戚（姻族）、もしくは扶養関係があるもの」で、「血縁（血族）とは、実の親子・兄弟姉妹など血のつながりがある関係、姻戚（姻族）とは、結婚したことによってできた直接血のつながりのない親類、扶養関係とは、健康保険上の被保険者（保険料を負担する人）と被扶養者の関係」を指すとしています。

事実婚の夫婦については、住民票などの公的書類にて家族関係が確認できる場合には申し込めます（世帯主との続柄が「夫（未届）」「妻（未届）」となっており、「同居人」では不可）。

同性愛カップルについては、回答文では直接の言及を避けており、「適用条件を満たし、お申し込みに必要な添付書類をご用意いただければ、お申し込みいただけます」となっています。養子縁組しているなど公的書類が用意できなければ、不可能のようです。

C社

家族割引を受けられるのは、ご家族（血縁・婚姻）であること、または同住所（生計を同じくしていること）で、いずれもそれを証明する書類が必要とのことです。

事実婚や同性愛カップルについての具体的な回答はないものの、この家族の定

等、おじ・おばは三親等、その子であるいとこは四親等です。おじ・おばの配偶者（義理のおじ・おば）は三親等の姻族ですが、いとこの配偶者（義理のいとこ）は四親等の姻族となり、親族にふくまれないことになります。

親等図

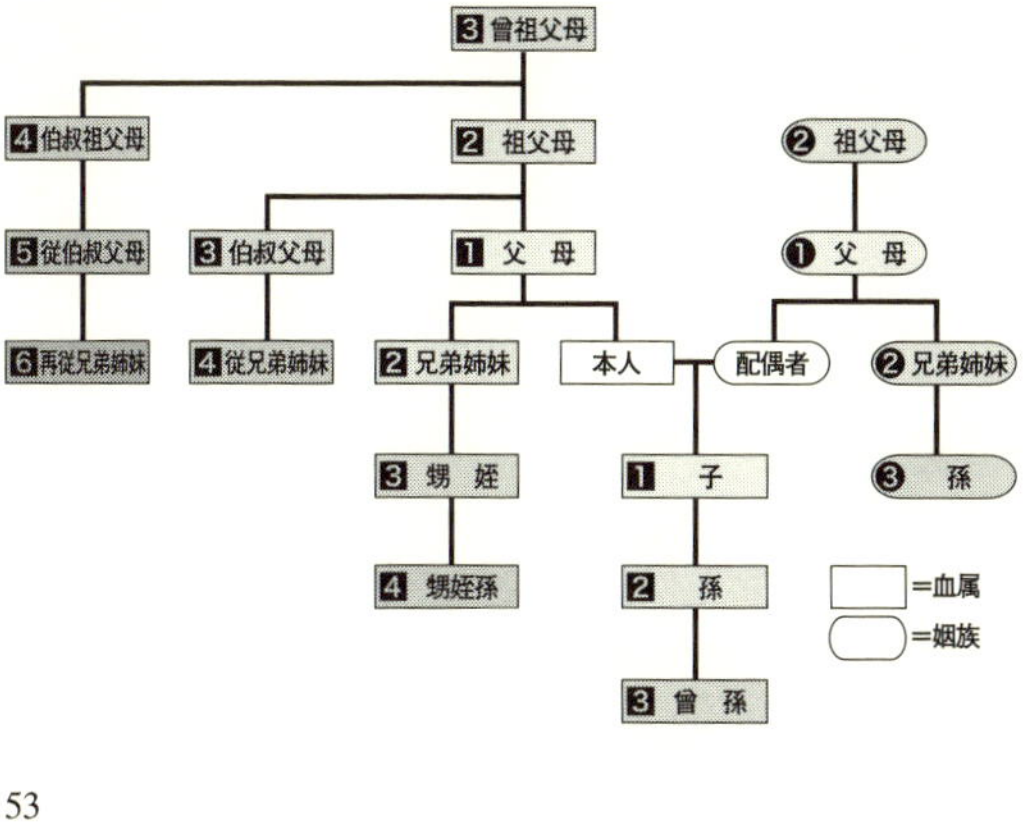

義のもと、すべてショップでの個々の対応で受け付けているとのことです。

D社

D社では、家族について特に明文化された定義を行なっていないものの、原則として、同一姓・同一住所の人を家族とみなし、「お客様個々のご事情を勘案し十分考慮した上で、適宜、柔軟な対応を心がけております」とのことでした。

また、D社からは「電気通信事業者は電気通信サービスを提供するため必要な場合に限り、個人情報の取得を享受されており、個人の思想や信条に関する事項は把握することが出来ません。従いまして、いずれも弊社ではご申告の状況を確認することはできず、同居のご友人・ご知人として対応させて頂きます。但し、上述の通りお客様のご事情を承り、個々にご相談に応じております」との回答もありました。

法の規定を優先するか、生活の事実を優先するか

右の回答を見る限り、A社はあくまで血族・姻族などであることが公的書類で証明できることを求め（法的婚姻をしていない事実婚もダメ）、B社は住民票の記載で証明できる事実婚までは認め、そのうえでABともに同性愛カップルについては受け付けられないとしています。

一方、C社とD社は同一住所を証明することで、同性愛のカップルにも各ショップの判断で柔軟に対応する旨を回答しています。

事実、C社の家族割引を、同居する同性パートナーが申し込み、それが受け付けられていることが報告されています。

家族とはなにか。血族・姻族など法に定められた範囲のみを家族とするのか、まだ法的規定が及んではいないものの、同居をして、現に生活をともにしているものは家族と認めるのか。法か現実か——携帯電話会社間で、はっきりとした違いが出たようです。

番号ポータビリティ制が導入された現在、料金だけでなく、同性パートナーシップにもやさしいかどうかが、これから携帯電話の選択基準になるかもしれません。

番号ポータビリティ制
携帯電話や固定電話等の電話の利用にあたり、契約している電話会社を変更しても、電話番号は変更しないまま継続して利用できる仕組みで、携帯電話では二〇〇六年十月から開始されました。

Q11 同性パートナーにクレジットカードの家族カードを持たせられますか？

正社員でない同性パートナーはクレジットカードの発行を受けられません。そのかわり私のクレジットカードの家族カードを持たせたいのですが……。

家族会員は配偶者・親・子どもに限る

同性パートナーが無職であったり定職に就いていないなどでクレジットカードを持ちづらい場合、自分のカードの家族会員としてカードを持たせることができれば便利でしょう。また、カード会社各社も会員の囲い込みのために、家族カードのサービスを用意し、さまざまな便宜を提供しているようです。

家族会員の申し込み資格について、あるカード会社は、

A社　本会員と生計を同一にする配偶者・親・子供（高校生をのぞく十八歳以上）の方

B社　家族会員は生計を共にする配偶者・満十八歳以上のお子さま（除く高校生）・ご両親に限ります

と表示しています。また、申し込み用紙の続柄欄にも、「配偶者・親・子」の三種類しかチェック欄はありません（いずれも会社ウェッブサイトによる）。

これについて、事実婚のパートナーや同性パートナーはどういう扱いになるか、いくつかのカード会社に問い合わせを出してみました。

某社の回答には、「家族カードのお申し込みにつきまして、ご入籍されていないご夫婦、同性愛カップルの方は受付しておりません」、また「ご入籍されていないご夫婦、同性愛カップルを家族カードのお申し込み対象とする具体的な計画は、現時点ではございません」とのことでした。

また、某々社は、「入籍していなくても、住民票や健康保険証などで未届けの夫婦であることを証明できるならば、事実婚のカップルについては考慮するが、同性愛カップルの場合は、それを証明する制度が現在ないので、申し込みは受けられない」との返事がありました。

家族会員の制度は、家族が使った分が本会員の預金口座から支払われていくものです。みんながさんざん使って未払い分があるところで本会員が突然死亡などした場合でも、負債が「マイナスの遺産」としてすみやかに法定相続人に相続され、カード会社としても未払い分を請求・回収できる保証が必要なのでしょう。そのために家族会員の範囲を親・配偶者・子といった法定相続人にかぎっているのだと思われます。

法定相続人

遺言がない場合、財産などを受け継ぐ（相続）ことができると民法で定められている人。第一順位は配偶者と子ども、いない場合は親、親もすでに亡くなっている場合はきょうだいが相続します（Q28参照）。

Q12 同性パートナーのいる私は、給料に家族手当を支給してもらえますか？

私の会社では、無職の妻や子どもがいる場合、家族手当が支給されます。同性パートナーやその連れ子がいる場合、家族手当てを支給してもらえますか？

家族手当はどうやって始まった？

給与明細を見てみましょう。あなたの会社には、「家族手当」とか「扶養手当」といった制度がありますか？　これは未就労の子どもがいたり、専業主婦である妻がいる場合、給与に手当が上乗せされて支給されるものです。

現在どれほどの会社がこうした給与制度をとっているかわかりませんが、ひところまではこうした「家族賃金」制度——お父さんの給料で家族全員を養う、会社も家族を養えるだけの給料を払う——は、たしかに一般的でした。世の男たちも、自分の稼ぎで「女房・子ども」を食わせることを誇りに思い、妻に内職などさせた日には、「すまねえ」「男の沽券《こけん》に……」などと言ったものでした。

でも、そんな「男の甲斐性《かいしょう》」神話は、それほど古くからある話ではないようです。世の中が農業社会だったころは、夫も妻もなく、子どももふくむ家族中が農作業（労働）をしていました。工業の時代になっても、工場や鉱山で女性や子どもが働いていました。

しかし、イギリスでは一八〇〇年代を通じて子どもと女性が工場から姿を消していきます。子どもは学校へ、そして女性は稼ぐ役割よりも家庭へ、というわけです。そして労働者自身も、「夫が働き、妻は家庭」という中産階級の姿をモデル像とし、あわせて男性ひとりの賃金で家族全員を養えるだけの「家族賃金」を求めていきます。女性が工場から消えていく一方で、男の賃金は上がっていきました。

ここで「稼ぐ男と家事する女」という性別による役割分業が定着していきました。これは同時に「稼ぐ男と家事する女」をユニットとする「家族中心モラル」の定着でもありました。

もちろん、男一人の稼ぎに依存する家計は、夫が稼げなくなったときにはたちまち崩壊し、貧困に陥る可能性があります。このシステムは、「夫が仕事を辞めない、夫と別れない、夫が死なない」というときにのみ回りつづけるシステムです。そして現に、夫と別れた女性や、はじめから夫をもたなかった女性に、貧困を強いていきます。「稼ぐ男と家事する女」の前提のもと、おもだった仕事はみんな男が独占し、女性にははじめから補助的な仕事（もちろん低賃金）しか残されていないからです。

これもライフスタイルの違いによる不平等

さて、いまこうした賃金システムはがらがらと変わりはじめました。その変化は、女性も男なみに働けば給料は出すということなのか、男女を問わず勝ち組と負け組への吹き分けなのか、ここでは立ち入りませんが、「家族手当」制度が無くなる趨勢《すうせい》にあるのは事実のようです。

ところで、さきほどは家族手当が、まるで男女の性別分業を推進する「保守反動」思想であるかのように書いてしまいましたが、でも自分の職場にそういう制度があり、男女のパートナーシップであればもらえるものが、同性パートナーシップであるばかりにもらえないのだとしたら、それは問いなおしてみる価値はあるように思われます。

家族手当は、労働基準法などの法律に定めのあるものではなく、その会社が独自に定めるものです。ですから、交渉相手はあくまでも会社ということになります。

会社との交渉でらちが開かなければ、おなじ条件（未就労のパートナーがいる、など）の人にたいする社内規定の適用が、ライフスタイル（同性パートナーと暮らす／異性パートナーと暮らす）によって不平等となるのは適法か違法かを裁判などで争う、ということもありえます。

いずれも「する・しない」は本人の判断といえるでしょう。会社としては、そうした「ノイズ」をきっかけに、このさい家族手当の全廃に動くかもしれません。また、裁判を起こしても、性別分業を固定・強化する家族手当の温存には賛同できない、シングル者への逆差別ではないか、として、フェミニストなどの共感が得られ

労働基準法

雇用主に対して一般的に弱い立場にある労働者を保護するために、賃金や労働時間といった労働条件の最低基準を定めた法律。この法定基準を守らないときは、そのような労働契約は無効とされ、場合によっては雇用主がわに罰則が加えられることがあります。

労働基準法は、正社員や派遣、パートなどの身分の違いにかかわらず適用されます。すべての産業に、また一人でも労働者を使用する事業所すべてに、適用されます。労働組合の組織されていない企業の労働者も、これによって保護されます。

ないなどもあるでしょう。
しかし、同性パートナーと暮らすか異性パートナーと暮らすかのライフスタイルの違いによって、すでにある制度の利用をはばまれることは、終わりにしていきたいものです。

社内規定
次のQ13「就業規則」を参照。

Q13 「忌引」や保養所の利用は、同性パートナーにも適用されますか？

同性パートナーが亡くなった場合、私はその葬儀のために忌引をとれるでしょうか。またパートナーを家族として会社の保養所を利用したりできますか？

忌引とは？

忌引《きびき》とは、家族が亡くなった場合、通夜や葬儀等のためにとれる一種の有給休暇です。とくに労働基準法など法的な定めや裏づけがあるものではなく、社会的通念によるもの、あるいは一種の福利厚生とも言うべき制度です。

具体的には、忌引の有無は会社（職場）の「就業規則」によって定められています。亡くなった人との関係で、とれる日数に違いがあるのが普通です。

一般的には、配偶者十日、父母七日、子ども五日、祖父母三日、きょうだい三日、おじおば一日、孫一日。また、姻族の場合、配偶者の父母三日、配偶者の祖父母一日、配偶者のきょうだい一日、というところでしょう。

忌引をとりたい場合は、まず職場の就業規則にその記載があるか、ある場合は内容（範囲と日数）を確認しましょう。常時十人以上の従業員がいる職場では、かならず就業規則を作ることになっています。また、就業規則は、正社員・派遣・パ

就業規則

就業規則とは、労働時間、休憩時間、休日、休暇、賃金、賞与、手当、退職、表彰、懲戒など職場で働くさいに必要になるさまざまなことを定めたものです。

常時十人以上の労働者を使用する使用者はかならず作成して、労働基準監督署に届け出なければなりませ

ートなどの身分にかかわらず、就労するもの全員に平等に適用されることになっています。あなたの職場の就業規則を確かめてみましょう。

就業規則に忌引の規定がある場合、つぎに、そこに規定された対象に同性パートナーがふくまれるのかが問題になります。通常なら配偶者が亡くなった場合、忌引をとって葬儀につとめるのはあたりまえのことです。配偶者方のきょうだいやその子、つまり義理の甥姪《おいめい》あたりまでも、忌引をとることはふつうにあることです。

同性パートナーを配偶者として扱って忌引がとれるのか、つまり就業規則をどのように運用するかは、ひとえに就業規則を定めた相手、つまり会社との交渉にかかっています。就業規則は労働者との協議で作成されるものなので、労働組合などにも相談して一緒に交渉してもらうことも一案です。あとはあなたが実際にその交渉や、労働組合への協力依頼を行なうかどうかです。

職場の福利厚生施設はどう？

さて、忌引は福利厚生だと書きましたが、職場では福利厚生が家族を単位に行なわれていることがよくあります。会社や健保組合が運営する保養所なども、家族であれば利用料が、一般より安く設定されています。職場や健保組合によっては、結婚したときの祝い金や家族が亡くなった場合の香典を支給するところもあります。

では、同性パートナーと「結婚」する場合、その制度から祝い金が受け取れるの

ん。また、作成、変更のさいは労働者の代表の意見を聴くことになっています（労働基準法第八十九条、九十条）。

就業規則は職場でのルールを定めたものですから、使用者はその内容を労働者に周知させるため、常時見やすい場所への掲示、備え付け、または書面の交付などをしなければなりません（労働基準法第百六条）。

でしょうか？　同性パートナーに家族料金を適用して、会社の保養施設を低廉《ていれん》に利用することができるのでしょうか？

いまのところ、そのことを確かめてみた例を耳にしたことがありません。

規定や規則を定めたなら、それをライフスタイルにかかわらず平等に適用することを求める。これはチャレンジしてみる価値のあることではないでしょうか。

もしチャレンジしたかたがいらっしゃいましたら、その経緯や結果をぜひ、著者までお知らせください。

プロブレムQ&A

III

税金と健保・年金、生命保険

――どうなる編2

Q14 収入のない同性パートナーを扶養家族として税金の申告ができますか？

確定申告や年末調整の時期になると、配偶者控除や扶養控除という言葉を聞きます。同性パートナーはそれにあてはまりますか？

税金計算の仕組み

まず最初に税金、そのうちの所得税の計算の仕組みについて理解しましょう。

所得税というのですから、それは所得にかかる税金です。そして、よく似た言葉ですが、所得と収入は違います。

収入とは、勤めている人なら給料、自営業の人ならさまざまな売上や報酬がそれにあたります。

しかし、それだけの給料を得たり売上をあげるためには、いろいろな経費がかかるものです。商売をしている人なら当然、仕入れ代や宣伝費や運送代がかかるでしょう。サラリーマン／ウーマンだって、仕事をするためにスーツだの靴だのカバンだのも買わざるをえません。家賃や生活費だって労働力の再生産のための経費の一部です。そうした経費を除いた、つまり控除《こうじょ》した残りが真の収入、所得です。

そして、その所得にかかるのが所得税というわけです。

収入と所得

収入					
所得	基礎控除	給与所得控除	社会保険料控除	扶養控除	○○控除
税金がかかるのはこの部分					

（給与所得者の場合）

ところが、世の中にはおなじ年収額でも、控除の多い人もいれば少ない人もいて、人によって所得税のかかり方が違うのです。勤めている人の場合、基礎控除《きそこうじょ》（三八万円）や給与所得控除《きゅうよしょとくこうじょ》（六五万円～）、社会保険料控除（公的な健康保険や年金、雇用保険の保険料）はだれでも受けられる控除ですが、さらに家族のあるなしで受けられる控除があります。配偶者控除《はいぐうしゃこうじょ》や扶養控除《ふようこうじょ》がそれです。それを受けられるかどうかで、所得の額に差が生じ、したがって所得税の額にも差が生じることになります。

配偶者控除、扶養控除とはなにか

ある人に配偶者がいて、その配偶者が所得がない（具体的には、年収が一〇三万円未満であること）場合、その人は年末調整や確定申告のときに配偶者控除を受けることができます。

しかし、この配偶者とは、法的結婚をしている人であることがハッキリ定められています。男女のパートナーシップであっても入籍していない事実婚の人は、配偶者控除を受けることができません。社会保険（年金や健康保険）でいう被扶養者には事実婚もふくみますが（後述）、税法では法的結婚にかぎるのです。

ですので、同性パートナーには配偶者控除が適用されますか、というご質問には、男女のパートナーシップでも事実婚の人は無理なので、現在、法的制度の裏づけが一切ない同性パートナーシップの人はいっそう無理です、と答えざるをえませ

所得税の計算時期

所得税は年間所得に対してかかります。勤めていて給料をもらっている人は、毎月の給料から国税庁「源泉徴収税額表」に定められた所得税がいわゆる天引きされるとともに、十二月に年間の給与全体に対する所得税を計算しなおし、それまで天引きした総額が多ければ労働者に戻し、少なければさらに徴収します。これが年末調整です。

一方、自営業やフリーランスで働いている人、また給料をもらいながら副業もして複数の収入があるとかなどの人は、十二月末で締め切って収入や経費を自分で集計をし、翌年の二月中旬から三月中旬の定められた時期に、税務署へ確定申告をして納税をしたり、すでに納めすぎた税金の還付を受けたりします。

ん。

扶養控除についてはどうでしょうか。所得のない人を扶養している場合、扶養控除を受けることができます。しかし、扶養家族として申請できるのは親族、つまり六親等内の血族および三親等内の姻族に限られます（Q10の下欄参照）。法的に関係のない人を扶養家族とすることはできません。同性パートナーにたとえ収入がなく、そのパートナーをあなたが現に「扶養」しているのであっても、同性パートナーが養子でもないかぎり、扶養家族として申請することはできないのです。

例外的に親族でない人を扶養家族とすることができるのは、「都道府県知事から養育を委託された児童（いわゆる里子）や市町村長から養護を委託された老人」の場合だけです。

家族単位の課税と同性パートナーシップ

このように、税法では同性パートナーはおろか事実婚の異性パートナーも、配偶者や扶養家族として控除を受けることはできません。したがって、異性パートナーシップを営む人で、おなじ年収や事情であっても、法的結婚者と事実婚者とのあいだに控除額に差ができ、結果として所得税にも差が生じてきます。同性パートナーシップを営む人は、さらにその外にあるとさえ言えます。

もちろん、それに対してこうした配偶者控除を設けることは、不平等をもたらすほかに、女性の社会進出を阻害しているという指摘もされています。

こうして世帯を単位に税金を計算するのではなく、パートナーの双方が独立して収入をもち、それぞれが個人単位で納税するのが、制度として合理的であり平等でもあり、あるいは「人の生き方」としても自立的なのかもしれません。いわゆる「シングル単位」の主張です。

私はそのことを最大限、肯定しながらも、しかし、たとえばゲイのパートナーシップにはままあることですが、パートナーの一方がＨＩＶ感染症のため働くことができないなどの場合、もう一方が配偶者控除あるいは扶養控除を受けられ、そうして浮いた所得税でパートナーに栄養のあるものを食べてもらいたい、などと思うことは、人情にもかなう気がするのですが、どうでしょうか（もちろん、それはパートナー控除の問題ではなく、病者や障がい者へはその個人へ福祉給付を行なうのが筋、という論もありますが）。

同性パートナーシップにも、現行の世帯単位の課税制度の適用を求めるのか、同性／異性にかかわらずすべての人にシングル単位の課税制度への転換を模索していくのか、これから私たちなかでの議論が求められるテーマだと思います。

女性の社会進出を阻害

これまでも、たびたび「一〇三万円」という金額が出てきました。

パートやアルバイトで得た給与収入を確定申告するとき、だれでもが受けられる基礎控除（三八万円）と給与所得控除（六五万円）が控除されると、一〇三万円未満の人は所得が無くなり、税金がかからないことになります。

そのため、パートやアルバイトで働くことの多い主婦層のなかには、収入が一〇三万円を超えないように自分のシフトを減らそうとすることが見られ、それが結果として女性の社会参加を抑制することにつながっているとする指摘があります。

Q15 収入のない同性パートナーを、会社の健康保険に入れられますか?

会社の同僚を見ると、奥さんや子どもも会社の健康保険を使って病院にかかっています。私の同性パートナーには、それはできないのでしょうか?

会社の健保は妻や子にも使える

まず最初に、健康保険の制度について理解しておきましょう。

日本は「国民皆保険《こくみんかいほけん》」の制度をとっています。これは、国民はすべてなにかの健康保険に入らなければいけない、ということです。

その健康保険には、大きくわけて二つの種類があります。

ひとつは「会社の健康保険」（と呼んでおきます）。もうひとつは自営業者やフリーターの人、無職の人などが居住地で入る国民健康保険、略して国保です。

健康保険で配偶者やパートナーが関係してくるのは、この会社の健康保険です。

会社の健康保険に入っている人に、専業主婦や子どもなど扶養されている人（被扶養者といいます）がいる場合、被扶養者も会社の健康保険を使って病院にかかり、その医療費は三割負担ですみます。また、扶養家族も健康保険を使うからといって、その人の毎月の保険料が増額されるなどということはありません。

健康保険法 第三条の七

この法律において「被扶養者」とは、次にかかげる者をいう。

(1) 被保険者（日雇特例被保険者であった者を含む。以下この項において同じ。）の直系尊属、配偶者（届出をしていないが、事実上婚姻関係と同様の事情にある者を含む。以下この項において同じ。）、子、孫及び弟妹であって、主としてその被保険者により生計を維持するもの会社の健康保険では、被扶養者にも、加入者の保険が適用され、被扶養者の範囲は法律によって直系尊属、配偶者、子、孫などと定められています。この配偶者には「届出をしていないが、事実上婚姻関係と同様の事情にある者を含む」と明記されています。そして、この被扶養者は保険の加入者によって生計を維持され、年収が一三〇万円未満であることも通知されています。健康保険と前項の税金とでは、この点がぜんぜん違うのです。

同性パートナーを会社の健保に入れられるか

さて、同性パートナーがこの被扶養者にあたるかどうか、です。

条文に言う「配偶者（婚姻の届出をしていないが、事実上婚姻関係と同様の事情にある者を含む）」が同性パートナーをも指すのかどうか、法はなにも語っていません。

収入のないパートナーは、通常ならば居住地の市区町村などが運営する国民健康保険に入り、最低限の住民均等割りの保険料を払うことになります。それならば、被扶養者として自分の会社の健康保険を使えるようにしたい、と思う人はいることでしょう。

法がなにも語っていない以上、被扶養者にも会社の健康保険を使いたいと思う人が、会社の健保組合や社会保険庁と交渉したり、裁判によって判断を仰ぎ、法の「口を割らせる」ことが必要になります。

被扶養者の認定条件

「認定対象者の年間収入が一三〇万円未満（認定対象者が六〇歳以上の者である場合又は概ね厚生年金保険法による障害厚生年金の受給要件に該当する程度の障害者である場合にあっては一八〇万円未満）であって、かつ、被保険者の年間収入の二分の一未満である場合」と社会保険庁から通知されています。

会社の保険

ここでは会社ごとの単立健保、業種ごとの組合健保、中小企業のための協会けんぽ、公務員の共済組合、船員の船員保険もふくめて「会社の健康保険」と表記しました。

Q16 同性パートナーを年金の三号被保険者にできますか？

会社員の妻は保険料を払わなくても将来、年金がもらえると聞きました。これはどういう意味ですか。私のパートナーにはそれは可能でしょうか？

三号被保険者とは？

わが国では健康保険と同様、年金も「国民皆年金」といって、二十歳以上六十歳未満の国民は全員、なんらかの年金制度——国民年金であれ厚生年金であれ——に加入することになっています。この期間のうち通算で二十五年以上、年金に加入していて、はじめて六十五歳からの年金受給資格が生じます（もし、二十五年未満の場合は、そもそも年金がもらえません）。

年金に入っている人のことを被保険者といいますが、被保険者にはつぎの三種類があります（年金を運営する側が保険者で、それに加入する側を、保険される人、すなわち被保険者と呼びます。これはQ15の健康保険も同様です）。

一号被保険者——自営業の人やフリーターの人、無職の人。この人たちは国民年金に加入します。

任意加入と繰り上げ支給

六十歳までのあいだに二十五年の年金加入期間を満たさない場合、最長七十歳まで、任意加入をすることができます。

また、本来六十五歳から支給される国民年金を六十歳からもらうことができる繰り上げ支給の制度もあります。条件として、二十五年間の納付済み期間があることが

二号被保険者――会社や役所などで、厚生年金や共済組合に入っている人たち。
三号被保険者――二号被保険者の配偶者で主として第二号被保険者の収入により生計を維持されるもの（具体的には年収が一三〇万円未満の人）。

三号被保険者には、かんたんに言って、サラリーマンの妻（専業主婦）があてはまると考えてよいでしょう。もちろんサラリーウーマンの配偶者である専業主夫でもかまいませんが。

この三号被保険者は、自分が年金保険料を払っていなくても、配偶者の厚生年金によって基礎年金（国民年金に相当）を受給する資格があります。つまり、これが自営業者の奥さんなら、一号被保険者として毎月約一万四千円余りの国民年金を支払ったり、会社で働く女性なら二号被保険者として給料から厚生年金を支払っているのに対して、専業主婦はなにも支払わなくても基礎年金分は保障されるというわけです。

専業主婦は自前の収入がないので、国民皆年金の制度を実現するためにしかたないという面もありますが、これは国による専業主婦の優遇政策である、「サラリーマンの夫と専業主婦の妻」という特定のライフスタイルの押しつけである、として強い批判があることは、聞かれたことがあると思います。

しかし、こうした問題をかかえた三号被保険者の制度ですが、パートナーが病身などで働けないときにはありがたい制度だとはいえます。

必要です。ただし、六十五歳からもらえる年金の金額より減額された金額でその後も固定されます。

年金保険料

厚生年金の保険料は給与の額によって決まります。その保険料率は、平成二十年の場合、給与（標準報酬月額）の一五・三五パーセントで、以後、毎年段階的に引き上げられ、最終的に平成二十九年に一八・三パーセントになることが決まっています。この保険料を、雇用主と労働者が折半して負担します。

国民年金の保険料は、収入額にかかわらず一定で、平成二十年は月額一万四千四百十円、以後、毎年段階的に引き上げられ、最終的に平成二十九年に一万六千九百円になることが決まっています。

この制度がなければ、無収入にもかかわらず一号被保険者として国民年金を払うか、それを怠れば年金未納として将来の受給がむずかしくなることもあるでしょうから。

また、パートナーのそれぞれが職業をもち経済的にも自立し、それぞれが年金に加入するのが理想的な姿かもしれませんが、パートナー間で役割分担をふくめてどのようなライフスタイルを送るかは、そのパートナー間の合意や選択の問題なので、三号被保険者であることや、三号被保険者になりたいと考えることを一概に責めることは、だれにもできないはずです。

事実婚でも三号被保険者になれる

どうすれば三号被保険者になれるでしょうか。これはまったくかんたんで、二号被保険者、つまり会社などで厚生年金に入っている人が、「うちの連れ合いは無収入なので（あるいは、年収が一三〇万円未満なので）、三号被保険者にしてください」と申告すれば、三号被保険者にすることができます。しかもこの連れ合いは、さきに見た健康保険の場合と同様、法的に結婚している人でなくても、いわゆる事実婚の関係にあるものどうしでもかまわないのです（国民年金法）。

同性パートナーを三号被保険者にすることができるか

さて、おたずねの同性パートナーを三号被保険者にすることができるかです。

国民年金法 第五条の八

この法律において、「配偶者」、「夫」及び「妻」には、婚姻の届出をしていないが、事実上婚姻関係と同様の事情にある者を含むものとする。

専業主婦優遇と批判されながらも、現にこの制度があるかぎりは、それを利用したいと思うことは、そのパートナー間の合意と選択の問題であり、なんら批判されるべきことではないでしょう。ただし条文に言う「婚姻の届出をしていないが、事実上婚姻関係と同様の事情にある者」が同性パートナーをもふくむのかどうか、これまた法はなにも語っていません。

同性パートナーを三号被保険者にしたいと願う切実な要求をもつ人が、やはり法の「口を割らせる」しかありません。具体的には社会保険庁と交渉をする（場合によっては賛同してくれる人びとや議員とともにこれを行なう）、政治家に国会質問などを行なってもらったり、質問主意書を出してもらって政府の見解を質《ただ》す、などの方法があるでしょう。また、立法府とはべつに司法の場で、つまり裁判で判断してもらうことも必要でしょう。

質問主意書

国会法第七十四条の規定にもとづき、国会議員が内閣に対し質問する文書。国会議員の国政調査権のひとつ。質問は所属の議院の議長をつうじて内閣に送られ、内閣は原則として七日以内に回答します。

Q17 同性パートナーには遺族年金の受給資格がありますか？

父が早く亡くなったとき、母や私たちは父の厚生年金から出る遺族年金を受けました。私の同性パートナーは、私の死後、遺族年金を受け取れますか？

老後の年金だけではない年金のメリット

年金制度はふつう、年をとったときお金がもらえる制度と理解されていますが、それだけではありません。人生の途中で障害を負ったときに出る障害年金も、この制度から支給されます。さらに、年金に入っていた人が早く亡くなったとき、残された人の生活を保障する制度もあります。これが遺族年金などの制度です。

遺族年金の制度は、このようになっています。

国民年金から支給される部分

つぎの三つのうちからひとつを選択します。

遺族基礎年金　故人によって生計を維持されていた「子のある妻」か、妻がいない場合は「子」に支給されます。つまり母子家庭や「孤児」への制度です。支給額は、国民年金ですからやはり安いのですが、物価スライド制で変わっていき、妻と

子

年金上の子とは、十八歳に達する日以後最初の三月三十一日までのことをいいます。高校生（相当）までの子どものことです。

子の場合は年額約八十万円強と子の加算額となり、子の加算額は第一子、第二子はともに各二十三万円程度（年額）です。子ども二人をかかえた母子家庭の場合、年額で約一三〇万円ほどが受給できる計算になります。

寡婦《かふ》年金　子がいない妻で、故人によって生計を維持されていた、婚姻期間が十年以上ある、六十五歳未満の妻に支給されます。これは六十歳から六十五歳未満の五年間に支給されるもので、夫が受け取るはずだった老齢年金の四分の三が受給できます。六十五歳以上になったら自分の年金をもらってください、というわけです。

死亡一時金　故人が三年以上納付していれば、その年数に応じて遺族に一時金が支払われます。

厚生年金から支給される部分

故人が在職中に死亡したとき、遺族は遺族厚生年金を受け取ることができます。受け取れる優先順位の一位は配偶者ですが、国民年金のように妻だけでなく、妻が亡くなった夫（ただし五十五歳以上）、子、五十五歳以上の故人の父母なども請求することができます。

どうやって請求するか

どのような遺族年金を請求する場合でも、当然ですが、故人と請求者がどのような関係であったのかを証明する書類が必要になります。故人の年金手帳や死亡診断書はもちろんですが、故人と請求者との身分関係を証明するための戸籍謄本や住民票、生計を同一としていたことを証明するための源泉徴収票や確定申告書（配偶者控除や扶養控除がわかる）などを添えて、役場の国民年金の窓口、社会保険事務所、会社の厚生年金の担当などに相談したり請求したりします。

同性パートナーは遺族年金を請求できるか

遺族年金の制度や、その請求に必要な書類については、おわかりいただけたと思います。遺族年金は法律上の夫婦であれば問題なく請求できますし、事実婚の場合でも、住民票の未届けの妻（夫）による証明や、生計同一の証明についてもなんらかの方策があるかもしれません。

では、これが同性パートナーの場合はどうでしょうか?

両者に養子縁組（法律上は親子）するなど法的関係がある場合はべつですが、そうでない場合、受給はかぎりなく困難だと思われます。なぜなら、戸籍や住民票で二人のパートナーシップを証明することもできませんし、税法や健康保険の扶養家族や配偶者とすることもできないので、生計同一の証明もできないからです。

しかし、家族として暮らしたり、実態として故人の扶養を受けていた場合、普通ならば受けられる遺族年金等の対象にまったくならないのは、なんとも不合理です。

Q18 同性パートナーを生命保険の受け取り人にできますか？

保険の外交員さんによれば、家族以外は保険の受け取り人にできないそうです。同性パートナーを受け取り人にする生命保険の契約は無理でしょうか？

親族以外を受け取り人にはできない

自分にもしもなにかあったとき、残された家族にまとまったお金を残したい。それが生命保険です。

同性パートナーを受け取り人とする生命保険は、組むことができるでしょうか。残念ながら生命保険会社の多くは、その内規で、受け取り人を「二親等以内の親族」と定めていることが多いようです。二親等以内とは、配偶者、子、親、祖父母、孫、きょうだいです。これは言うまでもなく、昨今多発した保険金犯罪を防ぐためでしょう。

本来、保険はだれを受け取り人に指定することも自由のはずですが、実際には受け取り人がこの条件に合致していないものは受け付けられなかったり、あとで受け取り人を変更する場合にも、新しい受け取り人がこの条件にあてはまることが厳しく求められたりします。

親等　Q10参照。

当然、法律上は赤の他人である同性パートナーは、この受け取り人になるのはむずかしそうです。男女のパートナーシップでも、法的結婚をしていない事実婚の人ではむずかしい場合があるようです（にもかかわらず擬装結婚したカップルが申し込んで、そのあと離婚をしていても、保険会社はあまり詮索しないようです）。

もちろん、これは各保険会社の内規によるものですから、多少の交渉の余地はあるとはいえます。事実婚でありながらおたがいを保険の受け取り人にしたパートナーや、同性パートナーでもおたがいを保険の受け取り人にした事例は皆無ではありません。しかし、私が見聞した範囲では、前者は弁護士夫妻である福島みずほさん（社民党党首）の事例であり、後者もしばらくまえの例なので社会情況が変化しており、現在は相当の社会的地位などがないかぎり困難かもしれません。

唯一、「かんぽ生命」（以前の郵便局の簡易保険）の保険商品がこうした条件を設けていないことが知られています。しかし、かんぽ生命の場合は受け取り額が一般の生命保険各社のものにくらべて少額のため（一千万円）、あまり厳しいことが言われないのではないかと思われます。

親族からパートナーへ贈与

どうしても生命保険に入って、死亡時受け取り金をパートナーへ渡したいときには、どうすればいいでしょうか。

受け取り人がいったん受け取って、受け取り人からパートナーへ贈与してもらうことしか方法はないようです。しかし、その場合には、保険金（を含む遺産）にかかる相続税（死亡保険金はあなたが亡くなったときに支払われることをお忘れなく）と、そして受け取り人からパートナーへ贈与するので贈与税と、二重に税金がかかることになります。

また、いくら口で頼んでおいても、受け取り人がパートナーへ贈与してくれるかどうかは、本人が死後のことなのでわかりません。

そのためには、きちんと遺言を書いて、保険金の行方についても指示をしておく必要があります。遺言に「○○が受け取り人となっている生命保険金は、××に遺贈する」などと明記するのです。この場合は、あなたの遺言としてそのように執行しなければならない義務が生じます。もちろんその場合でも相続税と贈与税と、二重にかかることは同じです。

遺言で遺贈先を指定する場合、なぜこの人に遺贈してほしいのか、受け取り人に説明して納得しておいてもらわないと、突然、遺言状だけが出てきては、かならず争いになります。場合によっては、受け取り人、つまり親族へのカミングアウトも必要になるかもしれません。

パートナーを生命保険の受け取り人にする、もう一つユニークな方法としては、後述するように二人で会社（法人）を作り、その会社を受け取り人として生命保険をかけるというものもあります。

遺言と生命保険
Q37参照。

会社と生命保険
Q38参照。

プロブレムQ&A

Ⅳ

在留資格、緊急医療、介護

——どうなる編3

Q19 海外の同性婚の制度に登録するにはどうすればいいですか。

私のパートナーはオランダ人ですが、オランダは同性婚ができるので現地で結婚しようと思います。日本人の私に、それは可能でしょうか？

コンインヨウケングビショウメイショ？

日本国籍のある人が外国人と、日本以外の国でその国の法律にのっとって結婚する場合、だいたいつぎのような手順がとられます。

多くの国では、その人に結婚する資格があるかを証明する書類を求めます。結婚してもよい年齢に達しているか、本国ですでに結婚していないか、などを証明するもので、「婚姻要件具備証明書《こいんようけんぐびしょうめいしょ》」、俗に独身証明書とか未婚証明書と言われるものです。

日本人が日本以外の国で結婚する場合、この証明書は日本の法務局などで発行してもらいます。発行に必要なものは、一カ月以内の戸籍謄本、本人の身分証明書（パスポートや健康保険証など）、印鑑です。そして、請求のための用紙には相手の国籍、氏名、生年月日（西暦）、そして性別を記載することになっています。

つまり、ここで相手の性別によって、異性婚か同性婚かがわかるわけです。

法務局で交付する婚姻要件具備証明書の様式について

平成十四年五月二十四日付け法務省民一第一二七四号法務局民事行政部長、地方法務局あて民事局民事第一課長通知

（通知）標記については、昭和三十五年九月二十六日付け民事二発第三九二号民事局第二課長回答により示された様式を参考にして交付されているものと思われるところ、今般、外国において認められている同性婚に使用するために同

日本の法務局では二〇〇二年以来、結婚の相手が同性の場合、この証明書を交付しないことにしており、日本政府のこの措置によって日本人が同性の相手と結婚を行なうことが（たとえその国に同性婚の制度があっても）、事実上、不可能になっています。

一部に証明書の提出が不要で、同性婚の制度をもっている国や州があります（カナダの一部の州など）。そういう国や州で婚姻をした場合でも、日本人はその国の役場が発行した婚姻に関する証書の謄本を、日本語訳を添えて、日本国内の自分の本籍地の役場に送って自分の戸籍に婚姻の事実を記載してもらう必要があります。しかし、海外で有効に成立した同性婚であっても、それを日本の戸籍が受け入れるかは不明です。日本人どうしが、海外でその国の法律にのっとって同性婚をしても、それは同様です。

日本政府は日本人の海外での同性婚を許さない

結婚相手が同性の場合、法務局は証明書を交付しない――。ふつうはだれも知らない、このような専門的な行政事務の問題が明らかになったのは、二〇〇二年八月十七日付け『毎日新聞』の記事によってでした。

記事によると、法務省は、相手が同性で証明書を交付したケースが一例把握されたとして、同年五月、関係機関に「証明書に、婚姻の相手である外国人の性別を記載するよう」に通知。さらに「相手が同性である時は証明書を交付するのは相当

証明書が取得された事例がありました。もとより、婚姻要件具備証明書は、当該証明に係る日本人につき、日本法上の婚姻の成立要件を満たすことを証するにとどまるものですが、従来の同証明書の様式では婚姻の相手方の性別が記載されないことから、同性の相手方との婚姻について、日本法上の法律的障害がなく日本においても有効に成立させ得るように誤解されるおそれがあります。

そこで、今後、貴局において同証明書を交付する際には、婚姻の相手方である外国人の性別を記載して交付することとし、また、管内市区町村長に対しては、同証明書が戸籍法に規定のない一般行政証明であることから、当該取扱いをすることについて協力を求めるようにお取り計らい願います。

なお、婚姻の相手方が日本人当事

でない」と指示しました。また、その理由として「日本では法的に同性婚は成立しないのに、有効と誤解される恐れがある」からとしています。

新聞記者は、「同性婚は同性愛者の権利を認める観点から、欧州で認める国が相次いでいる。同性婚を認めているオランダでは、外国人の婚姻には同証明書が必要という。法務省は『同性の結婚というケースはこれまで念頭になかった』としているが、今回の措置で海外での同性婚志願者に影響が出るとみられる」、と書いています。

さらに、女性やマイノリティの人権問題にくわしい角田由紀子弁護士のコメントも掲載しています。角田弁護士は、「同性婚を認めている国で、同性と結婚しようと思う人が結婚できなくなる。国際的に同性婚を認める流れにあるのに、なぜそのような意地悪をするのか。重婚《じゅうこん》にならないことだけを証明すればいいのであって、相手の名前や性別、国籍を書かせるのはおかしい」と述べています。

通知が撤回されれば可能になる

この通知があるために、その国に同性婚の制度がありながら、日本人は婚姻できません。しかし、この通知が撤回されさえすれば、海外での同性婚のための具備証明書も、すみやかに発行が再開されるかもしれません。

この通知はたかだか法務省の一課長名で出されたものにすぎません。

国会などで議員がきちんと質問すれば、もしかしたら比較的容易に撤回される

者と同性であるときは、日本法上、婚姻は成立しないことから、同証明書を交付するのは相当でないと考えます。

おって、婚姻を始め各種要件具備証明書を作成する際には、別紙様式を参考にしていただくよう願います。

日本の戸籍が受け入れる

海外で合法的に成立した同性婚にもかかわらず、その事実を日本の戸籍が受け入れない場合、日本の戸籍上、その人は結婚していない、つまり「配偶者」がいない状態となります。もし、その人が亡くなった場合、同性婚の相手が配偶者として相続人になるにもかかわらず、日本の親族が相続人の権利を主張できることになります（配偶者や子がいない場合は親が、親がすでにない場合はきょうだいが、法定相続人となる）。日本の親族

のかもしれません。この撤回を心から望む人びととの訴えがあれば、国会で質問に立とうという議員も現れるかもしれません。

婚姻要件具備証明書

交付番号第　　号

証　明　書

事件本人	戸籍の表示（本籍地）（筆頭者氏名）			
	出生地			
	父		続柄	
	母			
	氏名			
	生年月日			
相手方	国籍			
	氏名			
	生年月日		性別	

何年何月何日付け〇〇市（区町村）長発行の戸籍謄（抄）本によれば、上記事件本人は独身であって、かつ、婚姻能力を有し、相手方と婚姻するにつき、日本国法上何等の法律的障害のないことを証明する。

年　　月　　日

〇〇（地方）法務局長　何　某　㊞

『パートナーシップ・生活と制度』（緑風出版より）

が、本人の同性婚を理解していれば問題はありませんが、もし知らなかったり、感情的にこじれていたりして、日本の裁判所に判断を求めた場合、どのような判断がなされるかは、まったく不明です。

また、海外で合法的に成立した同性婚の配偶者が日本に滞在する場合の配偶者ビザの発給については、法務省の規定は、「（同性婚の配偶者は）配偶者として認めない」と明記しています（Q20参照）。

二〇〇九年三月、法務省は、海外での婚姻相手が同性の場合には、婚姻要件具備証明とは別種の証明書を発行することとし、少なくとも海外で日本人が同性婚をすることは可能となりました。ただし、そうして海外で合法に成立した同性婚を日本戸籍が受け入れないことは従前どおりです。

Q20 外国人の同性パートナーに、配偶者ビザはとれますか？

私は現在、カナダに在住し、カナダ人のパートナーと同性婚の登録をしています。私が日本へ帰国し定住するとき、パートナーも配偶者ビザがとれますか？

配偶者ビザとはなにか？　どうやってとるか？

配偶者ビザとは、日本人と結婚した外国人配偶者や、日本に永住している外国人の外国人配偶者が、日本に住むための在留資格です。「配偶者ビザ」はその俗称です。

通常の取得手順を、かんたんに説明しましょう。

まず、日本で住む予定の地域を管轄《かんかつ》する地方の入国管理局で、「日本人の配偶者等」や「永住者の配偶者等」の在留資格認定証明書の交付申請を行ないます。このさい、擬装《ぎそう》結婚でないことを証明するためにさまざまな書類を用意しなければなりません。この証明書が交付されたら本国の外国人配偶者のもとへ送付します。そして配偶者は、その証明書と必要書類を揃えて現地の日本大使館・領事館にて配偶者ビザの申請を行ないます。ビザの発給を受けたら在留資格認定証明書の発行年月日から三カ月以内に日本に入国します。その後は、定期的にビザの更新手続を行なっ

在留資格

外国人が日本に入国・在留して活動を行なうことのできる資格のことで、詳細は出入国管理及び難民認定法（入管法）により規定され、おもに「活動にもとづく在留資格」（仕事のためや、観光その他の短期滞在や留学・研修など）と、「身分または地位にもとづく在留資格」に分かれています。

この「身分または地位にもとづく

ていきます。

配偶者ビザを申請する場合の、入管法上の「配偶者」は、民法上のそれよりも厳しいと言われています。単に法律上、婚姻しているのみでは足りず、夫婦としての実態の伴ったものでなければなりません。

同居の有無やその年数、生計を一にしているか、子どもの有無などが目安とされますし、申請のさいに入管で、「はじめて出会ったのはいつか」「どこでか」「だれからの紹介か」「離婚歴はあるか」「結婚に至った経緯は」など、プライバシーすれすれのことも聞いてきたり、二人のスナップ写真などの提出を求められたりすることがあるそうです。

また、この配偶者ビザは、法的登録をしていない内縁関係や事実婚の場合は申請できません。法的な結婚であることがまず重視されます。

外国で法的に有効な同性パートナーも、日本は認めない

では、海外で合法的に成立した同性婚やドメスティックパートナー登録をした同性のパートナーには、日本での配偶者ビザを申請することができるでしょうか。

やはりできないようです。さきに紹介したように、男女の場合でも内縁関係や事実婚では配偶者ビザを発給してもらえません。同性パートナーシップの場合にはさらに厳しく除外されるでしょう。

これは外国人どうしの同性パートナーシップについても言えることです。一方

在留資格」には、「永住者」「日本人の配偶者等」「永住者の配偶者等」「定住者」の四つが列記され、つぎのように規定されています。

日本人の配偶者等
日本人の配偶者若《も》しくは民法（明治二十九年法律第八十九号）第八百十七条の二の規定による特別養子又は日本人の子として出生した者

永住者の配偶者等
永住者の在留資格をもつて在留する者若しくは特別永住者（以下「永住者等」と総称する。）の配偶者又は永住者等の子として本邦で出生しその後引き続き本邦に在留している者

（以上、入管法の別表第二より抜粋）

「日本人の配偶者等」「永住者の配偶者等」の在留期間は三年または一年で、その期間ごとにビザを更新し

が日本に滞在する場合、それまでの国に同性婚の制度があり、そこに合法に登録していたパートナーをともなって日本に滞在しようとしても、日本の入国管理当局は配偶者ビザを出しません。

法務省入国管理局編「入国・在留審査要領」、その第十二編「在留資格」によると、「家族滞在」としての在留資格が認められるには、「扶養を受ける」者としての厳しい条件をクリアするとともに、「『配偶者』には、内縁の者及び外国で有効に成立した同性婚による者は含まれない」と、はっきり決められています（第二十五節　家族滞在、第一　該当範囲の三）。

また、パートナーの一方が永住者としての資格を得て日本に永住する場合でも、その同性パートナーについては、「同性婚に係る『配偶者』は、それが当事者間の国において有効に成立し得るものであっても、我が国において効力を生じ得ないものであるので、配偶者としては認めない」としています（第二十九節　永住者の配偶者等、第一　該当範囲の一の注）。

このように、外国人どうしで有効に成立した同性パートナーシップであっても、パートナーの一方を配偶者として日本に滞在させることは不可能な状態です。ましてQ19で紹介したように、いま日本政府は、日本人は同性婚ができないという前提に立っていますので、たとえ外国でなんらかの登録をしていても、そのパートナーを配偶者として入国させることは法律上、想定されていない、ということになるでしょう。

ます。就労は制限なく行なえます。

入国管理局

法務省のなかで、日本における出入国管理、外国人登録、難民認定という外国人関連の行政事務を管轄する部局。全国を八つの管轄に分けて地方入国管理局が置かれ、そのもとに空港や港などに六つの支局、全国に六十二カ所の出張所が置かれるほか、不法入国者などの収容施設として三つの入国管理センターが設けられています。

養子縁組をすればどうか？

では、外国人の同性パートナーと日本で一緒に住むことはできないのでしょうか。

外国人パートナー自身が日本での就業や留学その他の理由で在留資格をとって日本へ入国することしか、方法はないようです。

奥の手として、パートナーと養子になる場合はどうでしょうか。これもあまり効果がないようです。

日本人が外国人を養子にする場合、日本で縁組するさいの準拠法は日本法ですので、ふつうに役場へ養子縁組の届けを出せば受理されます。そして、養親が日本人の場合、養子となってもその外国人の国籍は変わりません。つまり養子縁組によって日本国籍を取得できるわけではないのです。日本国籍を取得するには、帰化手続きによるしかありません。

また、養子になったからといって、ただちに在留資格が認められるわけではなく、他の在留資格に該当しない限り、日本での在留は認められません。

帰化

外国籍の人が日本国籍の取得を認められること。帰化の申請は法務局へ行ない、通常、一年半程度の審査期間があります。認められた場合は、法務大臣による許可として官報に告示がされ、その日から日本国籍が認められたことになります。

日本は二重国籍を認めていないので、日本の国籍を取得することで、元の国籍は捨てることになります。

海外の同性婚制度

海外での同性婚やそれに類する制度の解説は、プロブレムQ&A『パートナーシップ・生活と制度』に国別の紹介が掲載されています。

Q21 同性パートナーをめぐって病院など医療現場で起こることを教えてください。

パートナーが発病、入院したとき、私は入院の保証人になったり、医師から関係者として病状や治療の説明を聞いたり、病室に付き添って看護ができますか？

医療現場では、自己決定が尊重される

パートナーが大きな病気をしたとき、法的な家族ではない同性パートナーが、医者から病状の説明を受けたり、入院や手術のさいの保証人となったり同意書にサインができるのか。これは以前から同性パートナーシップを営んで暮らす人にとっての大きな心配事でした。

とくに、個人情報保護法（個人情報の保護に関する法律）ができてから、医療者がわからの情報提供についてのガードがいっそう厳しくなり、法的には第三者である同性パートナーが医者や病院によって排除されるのではないかという懸念《けねん》が高まっています。これについては、どのように考えればいいでしょうか。

現在、医療の現場では、患者個人の自己決定がとても重視されます。検査法や検査結果、治療法について、医者がていねいに説明をして、患者本人がそれに納得し同意しなければ、そのさきへは進みません。インフォームドコンセントと言われ

尾辻大阪府議による、府立病院の対応についての質問

尾辻かな子君　入院のさいの病

るものです。病状の説明などにも、患者本人がそれを望めば、家族以外の人にも立ち会ってもらったりすることができます。逆に、「家族」でも、患者本人がそれを拒めば説明から排除されたり、連絡がいかないということもありえるのです。

本人がどうしてもらいたいのか——たとえパートナーと言わなくとも、「この人に同席してもらいたい」など——を、ハッキリと医療者に伝えることが大事です。

厚労省からこんなガイドラインが出ている！

個人情報保護法と患者の個人情報の取り扱いについて、じつは厚生労働省から病院など医療機関あてにガイドラインが出されています。そこには「家族等への病状説明」について、つぎのように示されています。

本人以外の者に病状説明を行う場合は、本人に対し、あらかじめ病状説明を行う家族等の対象者を確認し、同意を得ることが望ましい。この際、本人から申出がある場合には、治療の実施等に支障の生じない範囲において、現実に患者（利用者）の世話をしている親族及びこれに準ずる者を説明を行う対象に加えたり、家族の特定の人を限定するなどの取扱いとすることができる。

（医療・介護関係事業者における個人情報の適切な取扱いのためのガイドライン　平成十六年十二月二十四日）

院の対応についてお伺いをいたします。たとえば、患者が重篤な状態で入院をしたとき、多くの病院では、血縁関係のある家族のみが患者との面会や症状を聞くことを許されているように思うのですが、私は同性パートナーも家族と同等に扱うべきだと考えております。府立の病院における同性パートナーの面接、病状説明等の取り扱いはどうなっているでしょうか、病院事業局長にお伺いをいたします。

病院事業局長　府立の病院の対応についてお答えいたします。

医療行為は、患者と医療関係者との信頼関係のうえに成り立つものでございます。府立の病院では、医療の中心はあくまでも患者であるという基本理念に立ち、患者の立場に立った良質な医療サービスの提供に努めております。

つまり平たく言うと、病状説明するなどの場合、だれに同席してもらうのかは本人に確認すること、そのさい家族や親族でなくても本人がそれを望むなら、その人をそこに加えなさい、と国は定めているのです。

元大阪府議会議員で、任期中にレズビアンであることをカミングアウトした尾辻かな子さん（Q７下欄参照）は、このガイドラインについて大阪府議会の本会議で質問に立ち、大阪府立の病院では「家族に限定することなく、患者の意思を尊重して対応してまいります」という答弁を引き出しています。国のガイドラインに自治体も従うことが確認されたのです。

本人の意識がないとき、親族と意見が割れたとき

さて、医療の現場では患者の自己決定が言われ、厚労省からもいま紹介したようなガイドラインが出されてはいますが、全国のすべての病院にそのことが周知徹底しているかはまだまだ不明な点があります。私たちがかかることになった病院が、いわゆる家族（親族）に限定した旧態依然とした対応をとる可能性は、無きにしもあらず、というわけです。

私たちとしては、患者の自己決定と個人情報の取り扱いについて、インフォームドコンセントの考え方や厚労省のガイドラインを示して、いざというときには医療者や病院がわを説得できるように心の準備をしておくことが大切でしょう。

家族などへの病状説明につきましては、個人情報の保護に関する法律の施行にさいしまして、厚生労働省から示されたガイドラインにおいても、家族に限定せず、現実に患者の世話をしている親族およびこれに準ずる者を説明対象に加えております。府立の病院におきましても、このガイドラインの趣旨に沿って、家族に限定することなく、患者の意思を尊重して対応してまいります。

尾辻かな子君　厚生労働省のガイドラインに沿って、患者の意思が最優先されるということをお聞きしました。厚生労働省のガイドラインに沿って対応ということは、全国の病院でも同様の対応が可能ということで考えております。

（大阪府議会・平成十七年九月度本会議・議事録より）

また、病院に運び込まれた段階で患者本人に意識がなく、患者の意思が確かめられず、結果としてパートナーが排除されてしまう可能性も考えられます。こうした場合にそなえて、パートナーとのあいだに看護や面会についての契約を文書で交わして、いざとなれば「これが本人の意思です」と示せるようにしておくことも必要かもしれません。さらに問題なのは、こうした緊急場面に患者の親族が出てきて、パートナーであるあなたと親族とのあいだで対立が起こることです。カミングアウトをしていなければ、親族にとってあなたはただの友人、あるいは意味不明の人でしかありません。また、たとえカミングアウトしていても、それがうまくいっていない場合には、「憎悪の対象」でさえあるかもしれません。

そうした状況にあって、とくに患者本人の意識がなかったり、衰弱して強く主張することができない場合には、病院はパートナーであるあなたではなく、やはり親族の意見に引きずられる可能性が大きいと言えるでしょう。

自分たちの身に起こりそうな状況について、二人で一度シュミレーションしてみることをおすすめします。

なお、手術のさいの（本人以外の人の）同意書や、入院のさいの保証人は、現在は基本的に不要になっています。一部の民間病院はともかく、公立病院ではそうした書面を求められることはないでしょう。心筋梗塞《しんきんこうそく》や脳梗塞など緊急手術が必要なときには、いちいち書面を要求しているヒマもありません。

契約の文書
Q33参照。

Q22 同性パートナーの緊急時に、私は安否確認できるでしょうか？

出先でパートナーが事故にあったり、離れて暮らしている先でなにかあったとき、私は救急隊や病院へ、パートナーについての情報照会が可能でしょうか？

パートナーが事故かもしれないのに、情報が受け取れない？

Aさんの同性パートナー、Bさんは、その日もいつものように車で仕事に出かけていきました。一時間後、消防の救急隊と名乗る電話がAさんにかかってきました。免許証を見たのでしょうか、Bさんの名前を告げてこう聞きました。

「携帯電話の履歴の最後のかたにお電話しています。Bさんのご家族のかたでしょうか」

Aさんは口籠《くちごも》りながら、「家族ではないのですが」と答えました。「では、家族のご連絡先をご存じないでしょうか」と問う救急隊に、さいわい知っていたB家の連絡先を教えつつ、Aさんはなにがあったのかと不安にかられて尋ねました。しかし、救急隊はこう答えたのです。

「すいません、個人情報保護のため、ご家族以外のかたにはお話できません」

パートナーが事故や急病で病院へかつぎこまれたことを知っても、同性パート

Aさんの事例

この事例は二〇〇六年二月二六日、大阪で開かれたシンポジウム「レインボートーク」で報告されました。「レインボートーク」は「レズビアン、ゲイ、バイセクシュアル、トランスジェンダーなど、日本の婚姻制度では保障されていない人間関係を築いている人たちに関する問題を話しあうためのリレーシンポジウム」として、前大阪府議の尾辻かな子さんが呼びかけ、この大阪につづき、東京、

ナーはその安否情報を受け取ったり、病院への照会さえできないのでしょうか。

法律上の家族であると主張しづらい同性パートナーシップ間に、こうした事態が起こる可能性はつねにあります。

列車事故などのとき、同性パートナーは安否照会ができるか？

さて、法律ではどうなっているでしょうか。

個人情報保護法の二十三条は、「次に掲げる場合を除くほか、あらかじめ本人の同意を得ないで、個人データを第三者に提供してはならない」として、本人の同意を得ないでも問い合わせ者に情報を提供できる例外をあげています。その二番目に、

二、人の生命、身体又は財産の保護のために必要がある場合であって、本人の同意を得ることが困難であるとき。

とあります。これはどういう場合でしょうか。Ｑ21でも紹介した厚労省のガイドラインは、この条文について、つぎのような例をあげています。

・意識不明で身元不明の患者について、関係機関へ照会したり、家族又は関係者等からの安否確認に対して必要な情報提供を行う場合

高松、札幌の四都市・五会場で開催されたもので、各地で大きな反響を呼びました。

・意識不明の患者の病状や重度の認知症の高齢者の情況を家族等に説明する場合

・大規模災害等で医療機関に非常に多数の傷病者が一時に搬送され、家族等からの問い合わせに迅速に対応するためには、本人の同意を得るための作業を行うことが著しく不合理である場合

言葉は少しむずかしいですが、落ち着いて読めばだいたいイメージできるでしょう。こうした法律の条文やガイドラインから、Aさんは自分の立場をうまく伝えれば、救急隊からパートナーの安否についての情報を受け取ることができるのかもしれません。

ガイドラインの例にある「大規模災害等」については、たとえば先年の福知山線での列車事故が思い出されます。まさにこの事故にかんして、前出の尾辻かな子・元大阪府議は「パートナーが同性である人たちには、災害等のときに、大切な人の死亡や重体等の情報を知ることができるか」と大阪府議会で質問しました。それに対し府の健康福祉部長から、同性パートナーは災害時に患者の安否や病状等の個人情報を提供できる人に含まれるとの答弁を引き出しています。

私たちのがわも自衛策を

個人情報保護は、たしかに大切な原則です。しかし、そのことによって同性パ

尾辻大阪府議による、個人情報取り扱いについての質問

尾辻かな子君　災害時の個人情報の取り扱いについてお伺いをいたします。JR福知山線の脱線事故では、病院によって個人情報の開示にばらつきがありました。マスコミ等の第三者への情報提供を行なった病院と行なわなかった病院があり、問題になりました。この事故の後、病院は、患者本人の同意がなくても、災害時には家族等からの問い合わせに安否等を回答してもよいという整理がなされたと聞いております。

パートナーが同性である人たちには、災害等のときに、大切な人の死亡や重体等の情報を知ることができないのではないかという不安があります。そこで、災害時に患者の情報を提供できる第三者の範囲にこうした人たちも含まれるのかどうか、健

ートナーが排除されてしまう可能性があるとすれば、私たちにできることはなんなのか。まず法の実態について、きちんと理解しておくことが大切ではないでしょうか。

それから、私たちのがわも、突然、救急隊などからかかってきた連絡に対してなんと答えるのか、パートナー間であらかじめ話しあっておくことが必要でしょう。家族と言えないのならば、「同居人」とか「関係者」とか、「一緒に仕事をしている者」とか、なにか考えておきましょう。

また、こちらから積極的に救急や医療者からの連絡を呼びこむ工夫も必要でしょう。つまり、緊急連絡先を第三者にもすぐわかるように示しておくのです。

大阪にある「ＬＧＢＴＩ（レズビアン、ゲイ、バイセクシュアル、トランスジェンダー、インターセックス）等、多様な性を生きる人々のためのリソースセンター」である「ＱＷＲＣ《クォーク》」では、こうしたときのための「緊急連絡先カード」を作成し、普及のキャンペーンを行なっています。

そのパンフレットには、「同性パートナーは個人情報保護法の解釈上、災害時に患者の個人情報を提供できる第三者に含まれると考えられる」といった、法についての正確な情報が載せられ、あわせて緊急時の連絡先を書き込める名刺大のカードが添えられています。そこに緊急時の連絡先を書いて、いつも持ち歩く財布などに入れておけば、救急隊や病院はそこからあなたが連絡をとってほしい人に連絡をとるでしょう。これは同性パートナー間だけではない、シングルで生活している人に

康福祉部長の見解を確認したいと思います。

健康福祉部長　災害時の個人情報の提供についてお答えをいたします。

個人情報保護法では、原則として個人情報の第三者提供を禁止しております。しかし、例外として、人の生命、身体、または財産の保護のために必要がある場合であって、本人の同意を得ることが困難であるときには、患者の同意を得ずに、第三者に安否や病状の個人情報を提供できると定めています。この第三者の範囲につきまして、厚生労働省から、患者の家族や職場の人などの関係者も含まれるとの見解が、ＪＲ福知山線の脱線事故を契機に示されたところでございます。

したがいまして、個人情報保護法の解釈上、お尋ねの同性パートナーにつきましては、災害時において患

も、いえ、だれにとっても、重要なことではないでしょうか。
携帯電話に「緊急連絡先」のフォルダーを作って、そこに連絡先を登録するなどもよい方法でしょう。
もちろんどの方法をとるにせよ、連絡先をお願いする相手とは事前によく話しあっておくことが大切です。

緊急連絡先カード

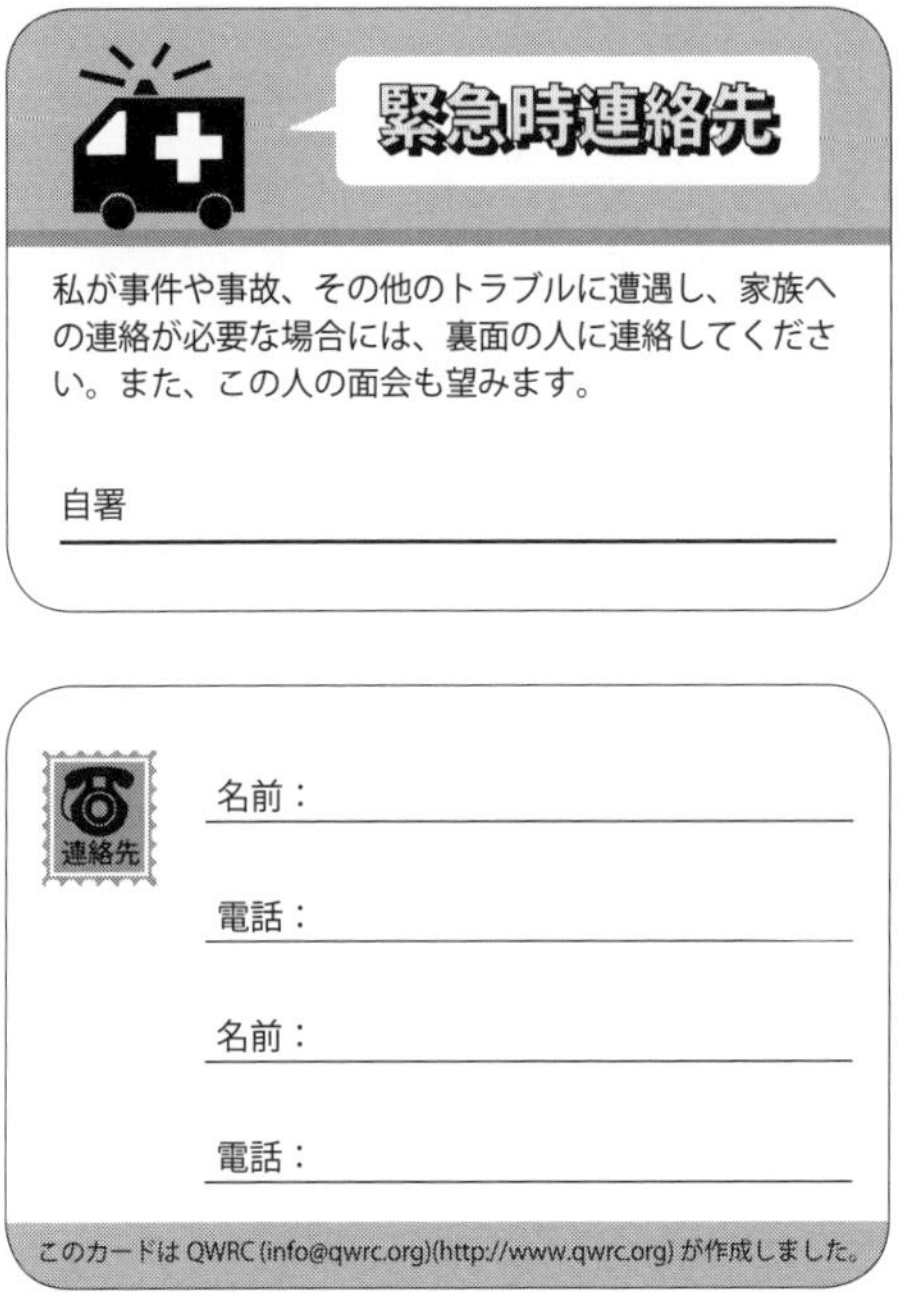
緊急時連絡先
私が事件や事故、その他のトラブルに遭遇し、家族への連絡が必要な場合には、裏面の人に連絡してください。また、この人の面会も望みます。
自署
連絡先
名前：
電話：
名前：
電話：
このカードは QWRC (info@qwrc.org)(http://www.qwrc.org) が作成しました。

者の安否や病状等の個人情報を提供できる第三者に含まれるものと考えます。
（大阪府議会・平成十七年九月度本会議・議事録より）

QWRC（クオーク）
二〇〇三年四月開設、大阪市北区にあるLGBTI（レズビアン、ゲイ、バイセクシュアル、トランスジェンダー、インターセックス）等、多様な性を生きる人びとのためのリソースセンター。フェミニズムの視点を重視しながら、セクシュアリティを自由に表現できる社会の実現を目指し、講座やワークショップの開催、電話相談などを実施しています。
http://www.qwrc.org/

Q23 同性パートナーが高齢化して介護が必要なとき、どんな問題が起こりますか？

私の同性パートナーは高齢で、介護保険を使って介護サービスを利用したいと思いますが、私が申請したり入所の身元引き受け人になれるでしょうか。

介護保険は、家族でなくても申請できる

パートナーシップが長くなって、どちらかが介護を必要とする時期になることはあるでしょう。「偕老同穴《かいろうどうけつ》」（ともに老い、お墓をともにする）という言葉がありますが、これは男女のパートナーシップにかぎった話ではありません。高齢社会の現在、パートナーシップが長くなった同性二人にも当然、介護の問題が起こりえます。もちろん、はじめから高齢のお相手とおつきあいする人もいます。

現在、まがりなりにも介護制度が整えられてきました。自分ひとりで抱え込むのではなく、こうした制度をうまく使うことが大切です。

介護制度の柱は、二〇〇〇年に導入された介護保険です。これは、健康保険が医療費を負担してくれるように、介護にかかる費用の一割を本人が支払い、残りを保険が負担してくれる制度です。原則六十五歳以上から利用ができます。

介護保険を使って介護サービスを受けたいと思ったら、居住地の市町村役場の

担当窓口で申請します。この申請は、とくに「家族」と限ったものではありません。本人ができるなら本人がするし、世話をしている関係者がしてもかまいません。

介護保険の利用を申請すると、調査員による調査などがあって、厚生労働省で決めた基準にもとづき、その人の介護度が決まります。この介護度に応じてひと月に介護保険で使える金額が決まっています。その範囲内でヘルパー派遣とかデイサービスとか、組み合わせて利用するわけです。限度額を超えて利用する場合は、全額自己負担となります。

介護度の認定は、状態が進むにつれていつでも変更申請ができます。また、その組み合わせ、つまり「ケアプラン」を作るのがケアマネージャー（介護支援専門員）、通称ケアマネです。

現在、単身で暮らす高齢者も多いなかで、行政のがわも、かならずしもそこにいる人が親族であるとかないとかにはこだわらず、実態に応じて対応をしているのが実情です。

介護施設への入所の保証人にもなれる

介護には、大きくわけて在宅介護と施設介護があります。

在宅介護で利用するおもなサービスには、ヘルパーさんによる訪問介護、看護師さんによる訪問看護、そのほか訪問入浴、訪問リハビリなどがあります。在宅生活をメインに、ときどき施設に出かけてお風呂へはいったり遊んだりするデイサー

ケアマネージャー

介護支援専門員が介護保険法に定められた正式名称で、ケアマネージャー（ケアマネ）はその通称です。介護保険において要支援・要介護と認定された人に対して、ケアプランを作成し、ケアマネジメントを行ないます。また、介護全般に関する相談援助、関係機関との連絡調整、介護保険の給付管理等を行ないます。

ケアマネージャーになるには、医師、理学療法士、社会福祉士など法に定める資格で五年以上の実務経験があるか、所定の福祉施設で介護業務に十年以上たずさわった人が、都道府県の実施する「介護支援専門員実務研修」を受講して登録することが必要ですが、この研修を受けるために は、研修を受けるのに必要な介護保険などについての知識を確認するための「介護支援専門員実務研

ビスや、数日滞在するショートステイも利用できます。福祉用具の購入補助やレンタル、家に手すりをつけたり段差を解消するなどの改築補助もあります。

施設介護では、エンドレスに入所して介護を受けながら生活する「特別養護老人ホーム」いわゆる特養や、病院での緊急状態が落ちついて、病院と家庭の中間施設としてリハビリを主とする「老人保健施設」いわゆる老健などがあります。行政が運営する特養ホームのほか、医療法人や福祉法人が運営するなど、最近はかなり自由化されてきました。認知症（痴呆）の人がスタッフとともに共同生活をおくるグループホームや介護付き有料老人ホームも増えています。

こうした施設に入所するときには、身元引き受け人や保証人の問題が起こります。しかし、これらも現在、かならずしも親族にかぎるものでもなく、実際に身元引き受けができる人であれば、入所は可能です。施設がわからすれば、要するに本人から施設の入所費が支払われ、万一の場合の連絡がちゃんとつけられればいいわけです。

そういう意味で、同性パートナーが入所者の費用の支払いや連絡に責任をもてるならば、施設のほうでも同性パートナーが身元引き受け人や保証人になることにノーとは言えないでしょう。

とくに、パートナーが本人の「任意後見人《にんいこうけんにん》」など法的な立場にあり、施設入所やその支払いなどにも代理権をもつといった契約を交わした人であれば、その信用はいっそう増すと言えます。

修受講試験」（年一回、全国共通試験）に合格しなければなりません。

グループホーム

認知症などの高齢者が専門の介護者のケアを受けながら、家庭的な雰囲気のなかで共同生活を営む施設。精神的に安定し認知症の進行を緩やかにすると同時に、問題行動の減少や抑制に効果があるとされています。障がい者のグループリビング活動は一九八〇年代にスウェーデンで始まり、日本でも九〇年代始めから開設されるようになりました。介護保険制度においても、在宅サービスとして位置づけられています。

グループホームでは、居住者は個人のプライバシーが守られる個室が与えられ、共同の居間や食堂、台所、浴室などを備えています。現在、ＮＰＯ法人や基準を満たした株式会社

成年後見と遺言を活用しよう

ところで、ついにパートナーが亡くなったときに、それまでなにもしなかった親族が出てきて遺産だけは寄越せと言ってトラブルになることもないとはいえません。成年後見以外にも、事前に遺言などの準備をしておくことは大切でしょう。

ちなみに、シングルでまったく身寄りがないなどといった高齢者も、特養など介護施設へは、行政の福祉事務所などが身元引き受け人になるなどして入所し、死後は遺骨は行政にもどされ、遺族の引き取り手がいない場合には行政ゆかりのお寺などに無縁仏として祀られる、ということもあります。

などの法人によって運営されています。

任意後見人
成年後見制度の一つ。Q35参照。

遺言
Q37参照。

介護付き有料老人ホーム
専属の診療所や介護ステーション、食堂や公共部屋の設備が付属した、賃貸マンションの一種。公の施設である特養などと異なり、自由契約で入居ができます。
こうしたものに、同性パートナー二人で入所できるかは現在かならずしも不明です（元来、単身高齢者向けが通常のようです）。

Q24 私は同性パートナーの介護のために、介護休業がとれるでしょうか？

パートナーは私の十五歳年上で、現在六十五歳、アルツハイマー症です。パートナーを介護するために私は職場で介護休業をとりたいのですが……。

「介護休業」とは？

高齢社会のなかで、介護問題は多くの人が抱える課題です。しかし、老親などの家族の介護のためにいちいち有給休暇を使っていては、いくら休みがあっても足りません。そのため現在、「育児・介護休業法」が定められ、介護のための休業や勤務の短縮などを雇用主に求めることができます。

はじめに「介護休業」の仕組みについてご説明しましょう。

介護休業は、介護を必要とする家族を介護するための、九十三日（法では三月と表記）を限度とした休業制度です。介護を必要とする状態とは、「負傷、疾病又は身体上若《も》しくは精神上の障害により、厚生労働省令で定める期間にわたり常時介護を必要とする状態」（第二条）とされ、その期間は「二週間以上の期間」とされています。たとえば、脳梗塞で片マヒ状態となった、認知症によって常時見守りが必要となった、認知症状はないが、身体衰弱で常時介助者が必要となった、などがわか

育児・介護休業法

正式名称は、「育児休業、介護休業等育児又は家族介護を行う労働者の福祉に関する法律」（平成三年法律第七十六号）。「育児休業及び介護休業に関する制度を設けるとともに、子の養育及び家族の介護を容易にするため勤務時間等に関し事業主が講ずべき措置を定めるほか、子の養育又は家族の介護を行う労働者等に対する支援措置を講ずること」などによって、労働者の職業生活と家庭生活との両立に寄与することを目的と

りやすいでしょう。

　そういう状態になった家族を介護するために、労働者は性別に関係なく休業を申請することができ、職場はその申し出を事業繁忙や人手不足などの理由があっても拒むことはできない（第十二条）と定められています。もちろん、申請したり休んだりしたことを理由に、解雇したり不利益な取り扱いをすることは許されません（第十六条）。

　なお、一人の介護のために申請できる休暇はさきにも述べたように通算で九十三日まで。二週間ずつとか分割して申請することもできます。しかし、通算で九十四日目からは介護休業という名目で休むことはできなくなります。

　介護休業は、かならず会社の「就業規則」に記載しなければいけません。まず職場の就業規則にその規定があることを確認しましょう。もちろん法定の休業ですから、記載がなくても会社は拒むことはできませんが。

　とれるのは、正社員だけとはかぎりません。有期雇用者（契約社員やパートなど）であっても、雇用実績が一年以上あり、休業終了後も雇用が引き続き継続される場合は、利用することができます。

　休んでいるあいだの賃金については、法律では定められていません。現状では無給とするところが多いようですが、雇用保険の加入者には介護休業給付の制度があります。こうしたことについては、社内の総務など担当部署、もしくはハローワークへ聞いてみましょう。


しています（法第一条より）。

常時介護が必要とする状態

　厚生労働省のパンフレット「育児・介護休業法のあらまし」（平成十九年六月版）の二〇ページには、

1　日常生活動作事項（第1表）のうち、全部介助が1項目以上及び一部介助が2項目以上あり、かつ、その状態が継続すると認められること。

2　問題行動（第2表）のうちいずれか1項目以上が重度又は中度に該当し、かつ、その状態が継続すると認められること。

のうちいずれかに該当するもの、と書かれています。表はつぎのURLでも見ることができます。

　http://www.mhlw.go.jp/general/seido/koyou/ryouritu/pamph/dl/02_0018.pdf

まるまる休んでしまう休業でなくても、勤務時間の短縮などを申し出ることもできます。家族の介護と仕事の両立で悩んでいる人は、いろいろな相談機関に話を聞いてみることが大切でしょう。

同性パートナーに介護休業は使えるか？

さて、ご質問は、自分の同性パートナーが要介護の状態なのだが、介護休業を申請できるだろうか、というものです。

法律の第二条に、この法律で使われる用語の定義が書かれていて、介護の「対象家族」として、つぎの人びとが列記されています。

配偶者（婚姻の届出をしていないが、事実上婚姻関係と同様の事情にある者を含む）
父母および子（これらの者に準ずる者として厚生労働省令で定めるものを含む）
配偶者の父母

そして、この「配偶者」に同性パートナーも含まれるのか、いまのところ法はなにも語っていません。社会保険で見たときとおなじく、法に「口を割らせる」しかありません。

同性パートナーの介護のために、労働者の権利として、会社を休みたいとか残業をしない仕事の形態に転換したいと思う人が、会社と交渉したり労働組合に相談

ご自分の同性パートナーに（あるいは自分自身に）、こうした状態が現われる時期が来ることを想像してみてください。

雇用保険による介護休業給付

雇用されている人は、雇用保険に加入し、求職中に失業給付を受けられることはよく知られています。

おなじく介護休業で無給になる期間にも、雇用保険から給付を受けられる制度があります。介護休業にはいるまでの二年間に、賃金支払基礎日数が十一日以上ある月が十二カ月以上ある人が支給の対象です。

支給額は、休業開始時点での賃金月額の四〇パーセントです。

これらの者に準ずる者

対象家族のうち「これらの者に準

してみることが必要でしょう。

高齢社会において、さまざまな人がさまざまなかたちで高齢者の介護にかかわっている現状のなか、同性パートナーシップを営む人にとどまらない、多様な対応や規定が必要な一例かもしれません。

ずる者」について、厚労省パンフ「育児・介護休業法のあらまし」には、「労働者が同居し、かつ、扶養している祖父母、兄弟姉妹及び孫」であり、「同居、扶養の要件が付されていることに留意してください」との記述があります。

プロブレムQ&A

V

死と相続、お墓、そして

――どうなる編4

Q25 同性パートナーが亡くなって、私は喪主になったりお墓を作れますか？

ついにパートナーが逝きました。私がお葬式の喪主になってもいいのでしょうか？　また、向こうの親族からお骨を渡せと言われた場合、どうなりますか？

葬送儀礼の一般的スタイル

人がひとり亡くなることは大きなショックでしょう。さまざまなことで頭が混乱していると思いますが、まずは葬送のための手続きや儀礼を進めていかなくてはいけません。一般的な流れを見ておくことにしましょう。

人が亡くなったときには、医師によって死亡診断書が書かれます。事故的な亡くなり方をした場合には、警察（監察医）によって死体検案書《けんあんしょ》が書かれます。

なんらかの儀礼を行なう場合、それを専門とする業者、すなわち葬儀社に頼むのが一般的です。病院や知人の紹介、会社の共済組合などの紹介、かねてから加盟していた互助会などで選定・依頼することができます。

手慣れた葬儀社の人なら、葬儀のマニュアルを示してくれ、それを埋めていけば一通りの葬儀ができる仕組みになっています。喪主《もしゅ》や日取り（通夜、火葬、告別式）や場所（自宅か斎場か寺か、など）を決め、参会者の規模を伝えれば、通夜ぶる

死亡診断書

役場へ届ける死亡届の右半分が死亡診断書（死体検案書）になっています。診断書には、死亡の日時や場所、死因などが書かれます。左半分の死亡届とあわせて役場の戸籍窓口へ届け出を行ない、これとひきかえに火葬許可証が交付される仕組みです。

まいや会葬礼品などまですべて用意してくれます。宗教者の紹介もしてくれます。病院から自宅（あるいは斎場等）への搬送（「宅下げ」と通称します）、通夜、本葬、火葬、後日の法要《ほうよう》、そして納骨などへと進めていきます。

喪主とは遺族の代表者として葬儀を主宰し、弔問《ちょうもん》を受けたりあいさつをする人です。故人ともっとも縁の深い人がなるのが普通で、故人の配偶者や親、あるいは子・きょうだいがつとめるものとされています。

近年は、近親者や関係者のみで簡素にいとなむ「家族葬」と呼ばれる動きもあります。会葬者を招かず、近親者のみで一晩つきそったり食事をして別れを惜しむものです。宗教者を頼まない場合もあるようです。葬式を出さない、戒名をつけないからといって触れる法律はありません。

業者を頼む場合、かならずカタログや見積もりを取り、説明を受けながら進めることが大切です。そうしたものがない業者は、頼むべきではないでしょう。言われるままに祭壇や花を飾って、びっくりする請求をされたという話も聞きます。

なお、会葬者が百人規模の通常の葬儀を仏式でした場合、費用は約二百万円が相場と言われています。祭壇飾りや棺《ひつぎ》、斎場料などセットで六十五万円、料理や香典返しに百二十万円、僧侶にお通夜から本葬、初七日供養まで、戒名もふくめて四十万円、というところです。「家族葬」などを自宅でやれば、最低で棺、火葬費、搬送費のみというところでしょう。

通夜ぶるまい
通夜の会葬者に、焼香などのあと別室で飲食を勧めること。

遺言で指定できる「祭祀承継者」

さて、こうした一連の葬儀のなかで、同性パートナーの問題が関係してくるのはどういうときでしょう。

現在は病院で亡くなることが多いと思います。今夜が峠だとか、いよいよ臨終《りんじゅう》だというとき、病院はきっと「ご家族のかたをお呼びください」と言うでしょう。おたがい相手の親族にカミングアウトして、二人の関係を理解してもらっていれば、みんなで臨終に立ち会うことができますが、カミングアウトしていなかったり、していても感情的にこじれていたりする場合もあります。かけつけた親族に、自分のことをたんなる友人・知人としてしか説明できなかったり、最悪、駆けつけた親族に病室から出てほしいと言われることがあるかもしれません。

こうしたときのために、自分の看護その他をパートナーに任せるという意思を、本人が示しておくことが必要かもしれません。そのためには、公正証書《こうせいしょうしょ》をもちいた委任契約が有効かもしれません（Q33）。本人どうしの委任契約は、かならずしも第三者を拘束するものではありませんが、本人の意思が公正証書という重い方法ではっきりと示されている手前、親族もむげにあなたを拒むことは少ないと思われるからです。

こうした面倒があるぐらいなら、いっそ親族に知らせない、本人もかならずしも親族との関係がよくなかったし……という判断はどうでしょうか。

臨終を親族に知らせないことで触れる法律はないでしょう。親族の死をずいぶんあとで知るケースも、世の中にはざらにあります。ただ、場合によっては感情的にしこりを残すことがあるかもしれません。また、現にいる親族は特別の遺言が無いかぎり、のちのち遺産相続で法定相続人としてかかわらざるをえません。悩ましいところです。

　葬儀やその後の手続き、そして祭祀（供養など）について、同性パートナーとしてできることはどこまででしょうか。

　死亡届や火葬（埋葬）許可証の交付は、法律上の親族である必要はありません。葬儀社の代行さえあるので、同性パートナーにも行なえます。

　お葬式を主宰することはできるでしょうか。また、親族が「遺骨はこちらで引き取ります」と言ったとき、対抗する方法はあるでしょうか。

　民法は、仏壇やお墓は慣習的に先祖供養をしている者（たとえば代々の長男）がこれを受け継ぐが、亡くなった人があらかじめ指定している人があるなら、その人が受け継ぐものとする、と定めています（八百九十七条の一）。この受け継ぐ人のことを祭祀承継者《さいししょうけいしゃ》といいますが、この祭祀財産には、お骨もそれに含まれると考えられます。また、お葬式を主宰する権限も、この祭祀権のなかに含まれると考えていいでしょう。

　先述の看護人の指定だけでなく、この祭祀承継者も公正証書を用いた委任契約でハッキリ指定しておけばいいでしょう。また、祭祀承継者の指定は遺言で行なうことができ、第三者へも拘束力がありますので、遺言を作ることは大変有効な方法

民法八百九十七条の一（祭祀共用物の承継）

　系譜・祭具及び墳墓の所有権は、前条の規定にかかわらず、慣習に従って祖先の祭祀を主宰すべき者がこれを承継する。但し、被相続人の指定に従って祖先の祭祀を主宰すべき者があるときは、その者がこれを承継する。

エンディングノート

　自分に万が一のことが起こった時のために、伝達すべきさまざまな事項をまとめてノート形式で記入しておくもので、出版社やNGOなど、さまざまなところから発行されています。多くは、自分史の振り返り、終末期医療についての希望（病名や余命の告知、延命治療など）、そして葬儀への希望（葬儀の有無や、行な

です。

お葬式という儀式自体は、複数の人がそれぞれに複数回行なってもなんら問題ではありませんが、お骨の帰属については、こうした委任契約や遺言を作っておくことで、同性パートナーが祭祀承継者としてお骨の所有権を主張することができます。

なお、最近は葬儀の仕方についても、散骨してほしいとか、葬儀をしないでほしいなど、希望を述べる人が増えてきました。こうしたことは遺言で指示する内容ではないので（遺言に書いても、それ自体は法的有効性をもたない）、祭祀承継者となる人と生前から話し合ったり、市販の「エンディングノート」などを利用して希望を書き残しておくことが望ましいでしょう。


う場合のやり方など）について記述するものです。また、いざというとき連絡する人びとのリストなどもあり、周囲の人にとってもとても役立つものです。

これらは、民法に定められた遺言の形式をとっていないので法的拘束力は持ちませんし、また内容によっては遺言にそぐわない事項もありますが、本人の自己決定尊重の気運のなかで、周りの人の大いに参考になるものと思われます。

Q26 脳死時の臓器提供や献体は、同性パートナーの判断に任せられますか？

もし自分が脳死になった場合には臓器提供を、死後には大学病院に献体をしたいと思っています。そのときは同性パートナーの判断でそれを実行できますか？

〝そのとき関係者となる人〟と話し合う

脳死や臓器提供についての認識や是非については、賛否や議論が分かれるところだと思いますが、一九九七年に臓器移植法が成立し、社団法人・日本臓器移植ネットワークによるシステムもそれなりに整えられていることから、その実際面にのみそくしてご紹介したいと思います。

脳死からの臓器提供は、「死亡した者が生存中に臓器を移植術に使用されるために提供する意思を書面により表示している」「遺族が当該臓器の摘出を拒まない」とき、脳死と臓器移植の判定が二人以上の医師によってなされた（移植にあたる医師以外の医師が判定する）かぎりにおいてできることが、法に定められています（臓器移植法六条）。

意思を表示する書面としてよく利用されているのが、「ドナーカード」です。万一の場合、臓器提供の意思があっても、ドナーカードなどがあることを関係者が知

日本臓器移植ネットワーク

死後に臓器を提供してもよいという人（ドナー）やその家族の意思を生かし、臓器を提供してもらいたいという人（レシピエント）に最善の方法で臓器が贈られるように橋渡しをする日本で唯一の組織。全国を三つの支部に分け、専任の移植コーディネーターが二十四時間対応で待機しています。

臓器移植法（抜粋）

第六条（臓器の摘出）医師は、死

ドナーカード（上が表、下が裏）

〈該当する1.2.3.の番号を◯で囲んだ上で
提供したい臓器を◯で囲んで下さい〉

1. 私は、脳死の判定に従い、脳死後、移植の為に◯で囲んだ臓器を提供します。（×をつけた臓器は提供しません）
心臓・肺・肝臓・腎臓・膵臓・小腸・眼球・その他（　　）

2. 私は、心臓が停止した死後、移植の為に◯で囲んだ臓器を提供します。（×をつけた臓器は提供しません）
腎臓・膵臓・眼球・その他（　　）

3. 私は、臓器を提供しません。

署名年月日：　　年　　月　　日
本人署名（自筆）：
家族署名（自筆）：
（可能であれば、この意思表示カードをもっていることを知っている家族が、そのことの確認の為に署名して下さい）

らない場合は、その意思（遺志）が生かされないことになります。

さて、ここで「遺族が拒まないとき」とある遺族とはだれか、が問題です。

臓器移植法の施行にあわせて、厚生省（当時）保健医療局長から、「臓器の移植に関する法律の運用に関する指針（ガイドライン）」が、各都道府県知事・各指定都市市長・各中核市市長宛に通知されています。

それによれば、承諾を得るべき家族（遺族）は、原則として「配偶者、子、父母、孫、祖父母及び同居の親族」としています。これをふまえ、臓器移植ネットワークでも、「ご家族の皆様がそのことを十分に理解し、納得されていることが不可欠で、ご家族のなかにお一人でも異論がある時は、ご家族内でよくお話し合いをされ」てください、と述べています（『パンフレット『日本の移植事情』二〇〇六年五月）。同性パートナー云々よりも、関係者そろっての同意がないと移植は実行されないということです。

亡した者が生存中に臓器を移植術に使用されるために提供する意思を書面により表示している場合であって、その旨の告知を受けた遺族が当該臓器の摘出を拒まないとき又は遺族がないときは、この法律に基づき、移植術に使用されるための臓器を、死体（脳死した者の身体を含む。以下同じ。）から摘出することができる。

3　臓器の摘出に係る前項の判定は、当該者が第一項に規定する意思の表示に併せて前項による判定に従う意思を書面により表示している場合であって、その旨の告知を受けたその者の家族が当該判定を拒まないとき又は家族がないときに限り、行うことができる。

4　臓器の摘出に係る第二項の判定は、これを的確に行うために必要な知識及び経験を有する二人以上の

ところで、厚生省ガイドラインがあげた家族の範囲は、おおむね二親等以内と理解されますが、そうした家族がまったくいない場合はどうでしょうか。

臓器移植法は、「遺族がないとき」も本人が意思表示しているならば移植はできるとしています（第六条）。同性パートナーである特別な関係者がいて、もしその人が移植に反対する場合、本人の意思がどう扱われるのかは、不明です。

いずれにしても、万一の場合、臓器提供の意思がある人は、ドナーカードなどで意思表明するとともに、そのとき関係してくる人に日ごろからそれを伝え、説得をしておくことが必要です。

献体についても調べてみた

献体《けんたい》は、「医学・歯学の大学における人体解剖学の教育・研究に役立たせるため、自分の遺体を無条件・無報酬で提供する」ことです（財団法人・日本篤志献体協会ウェブサイトより）。医科大学（大学医学部など）や関連の団体に登録しておき、死後、遺族からの連絡によって遺体は大学へ運ばれます。解剖教育に資したあと、およそ二年ほどで遺体は火葬されてお骨となって戻されます。

献体は、本人の意思にもとづき、遺族によって行なわれます。先述の篤志献体協会では、「献体登録をする時にあらかじめ肉親の方々の同意を得ておくことが大切」であり、その肉親とは「配偶者および、同居別居を問わず親、子、兄弟姉妹などを指します」としています。そして、「ご遺族の中に一人でも反対がありますと

医師（当該判定がなされた場合に当該脳死した者の身体から臓器を摘出し、又は当該臓器を使用した移植術を行うこととなる医師を除く。）の一般に認められている医学的知見に基づき厚生労働省令で定めるところにより行う判断の一致によって、行われるものとする。

臓器の移植に関する法律の運用に関する指針（ガイドライン）

平成九年十月八日　健医発第一三二九号

第2　遺族及び家族の範囲に関する事項（抜粋）

臓器の摘出の承諾に関して法に規定する「遺族」の範囲については、一般的、類型的に決まるものではなく、死亡した者の近親者の中から、個々の事案に即し、慣習や家族構成等に応じて判断すべきものであるが、

献体は実行されず」としています。遺族の対応が割れているなかでは、大学としてもその遺体をいただくわけにはいかないわけです。

これも臓器提供の場合とおなじく、およそ故人に関係する人すべてが同意したなかでなければ献体は実行されないと理解し、献体の意思がある人は、関係者に生前から自分の意思を伝え、説得しておくことが必要だと思われます。

なお、親族がぜんぜんいない、現実に同性パートナーしかいないというような場合は、篤志献体協会では「身寄りのない方の場合も含めて、くわしいことは全て献体の会または大学にご相談下さい」と呼びかけています。

問い合わせ先は、自分が献体をしたい大学の医学部（移送のことからも最寄りの大学がよい）などへ聞いてみてください。

原則として、配偶者、子、父母、孫、祖父母及び同居の親族の承諾を得るものとし、喪主又は祭祀主宰者となるべき者において、前記の「遺族」の総意を取りまとめるものとすることが適当であること。ただし、前記の範囲以外の親族から臓器提供に対する異論が出された場合には、その状況等を把握し、慎重に判断すること。

献体の会

各大学の医学部・歯学部では、献体登録のための組織をもっています（会名はさまざま）。献体を希望する人は、自分が献体を希望する大学の医学部・歯学部等へ、直接問い合わせてください。

Q27 死後の手続きや届け出は、同性パートナーでもできますか？

故人には、健康保険から葬祭料が出ると聞きました。そうした手続きを、親族ではない同性パートナーの私がしてもいいのでしょうか？

公共料金の口座振替の変更など

葬儀が終わって一息つくまもなく、残されたものによる、さまざまな後片付けがはじまります。

まず、故人が名義人になっている公共料金などの名義変更の手続きがあります。故人名義の銀行口座から自動振替の場合は、銀行に死亡が伝わった段階で口座が凍結されて引き落としができなくなっていますから、できるだけ早く手続きをしないと電力会社からの送電がストップ、などということが起こるかもしれません。

免許証やパスポート、公共交通の無料パスなども、なにもしなくても期限がくれば無効になりますが、それぞれ警察、都道府県庁の旅券課、発行元に返却するのが原則です。

故人が入っていたクレジットカードや携帯電話など各種の有料サービスは、こちらから連絡しないかぎり退会手続きが行なわれず、年会費などが引き落とされていきます。故人あての郵便物などに注意して、すみやかに各会社に連絡して、退会や解約の手続きをお忘れなく。

いま挙げたような手続きや連絡ならば、おそらく第三者が行なっても問題はないでしょう。

ただし、これらは故人が亡くなったあとも、あなたがその家に一緒に住み続けられる前提で書いています。同性パートナーの場合、夫婦や親子のように自動的に相続が起こって、引き続きその住居で暮らせるかどうかは不明な場合があります。故人の死去によって家の名義人がいなくなり、その家から出なければならない場合もあります。

また、電話加入権は相続財産に含まれますが、遺産分割協議がととのうまえに名義人の変更ができます。所轄のNTTに連絡しますが、これができるのはあなたが相続人である場合です。

年金停止の手続きなど

つづいて公的関係、つまりお役所がらみの手続きです。

健康保険や介護保険（六十五歳以上）の資格の喪失手続きをしてください。国保なら役場で、そうでないならそれぞれの健保組合へ。

同時に、健康保険には埋葬料や葬祭費の制度があります。これは葬儀を行なった人に七万円前後の葬祭費が支給される制度です。故人が入っていた健保へ請求してください。請求人には「親族」という規定はありません。実質、葬儀を行なった人が請求できます。

つぎに年金です。故人がすでに年金を受け取っていた場合（六十五歳以上の老齢年金や、それ以下でも障害年金など）、死後十日以内に受給停止の手続きをしてください。お住まいの地区の社会保険事務所へ行きます。手続きに必要な書類などはさきに問い合わせて指示を受けてください。年金手帳のほか、死亡を証明する書類（死亡診断書のコピーや戸籍〈除籍〉謄本）などが必要です。この手続きをしないと、あとで死後も受け取っていた分を一括で返済しなければならず、面倒なことになります。逆に、年金は二カ月分ずつ支払われるので、亡くなった日付けによっては未払い分があることもあります。その請求もできます。

年金には遺族年金の制度がありますが、同性パートナー間ではその請求が不可能であろうことは、Q17のとおりです。

故人が老齢で年金しか収入がなかった場合などは必要ないのですが、自営業などをされていた場合は、その年の一月一日から死亡日までの確定申告をする必要があります（準確定申告）。また、三月十五日までに亡くなって前年の確定申告がまだすんでない場合は、それもあわせて行ないます。これらは死亡日から四カ月以内に行なうことになっています。

死後の手続きチェックリスト

- □ガス、水道、電気、NHK、住居、電話の名義変更（営業所や大家）
- □クレジットカード、各種有料会員の退会（各会社）
- □携帯電話、プロバイダーなどの解約（各会社）
- □運転免許証の返却（警察署）
- □パスポートの返却・無効手続き（都道府県の旅券課）
- □健康保険の喪失届（役場の国保窓口または健保組合）
- □健康保険の葬祭費の請求（役場の国保窓口または健保組合）
- □年金受給停止の手続き（社保事務所）
- □介護保険の喪失届（役場、健保組合）
- □所得税の準確定申告（税務署）

Q28 同性パートナーの死後の相続について教えてください。

同性パートナーが亡くなったとき、その名義の不動産や預金を、私は相続できるでしょうか？　また、遺言について基礎的なことを教えてください。

遺言相続と法定相続

相続とは、人が亡くなったときに、その人の財産をだれかが受け継ぐことをいいます。相続がないと、故人の所有物は「無主《むしゅ》」になって、宙に浮くことになりますので、法はかならず相続人を見つけて、その人が相続することを定めています（まったく相続する人がいない場合は、その財産は国庫に納められます）。

財産を相続によって受け継ぐ方法には二つあります。

第一は、故人が遺言を残していれば、そこに記載された故人の意思に従ってその人が遺産を受け継ぐ方法です。これを遺言相続といいます。

第二は、遺言がされていない場合には、民法が定めたルールに従って子や配偶者、親族が遺産を受け継ぎます。これを法定相続《ほうていそうぞく》といいます。

遺言相続では、相続人を親族にかぎらず、財産を残したい人に相続させることができます。また、遺言がある場合はこの遺言相続が法定相続に優先します。

法定相続人とはだれか

第一順位　配偶者と子

第二順位　配偶者や子がいない場合は父母

第三順位　父母もいない場合は兄弟姉妹（兄弟姉妹が亡くなっているときはその子である甥姪が代襲相続）

つまり、遺言を作成することによって、自分の親族ではなく同性パートナーに遺産を残すことが可能なのです。

遺言は自分の意思に法的拘束力をもたせられる方法

同性パートナー二人の生活にそくして考えてみましょう。AさんとBさんは、Aさんの名義でマンションを買い、そこにパートナーのBさんも一緒に住んでいます。Aさんが亡くなったとき、Aさん名義のマンションのほかに、Aさんの銀行預金、株券、自動車、生命保険の死亡受け取り金などが残りました。

ここでAさんが、財産をBさんに遺贈するという遺言を残しておかなければ、Aさんの親族が出てきて、これらの財産の相続権を主張します。法もそのように定めています。マンションの所有権もAさんの親族に移り、Bさんはもうそこに住むことができなくなるわけです。しかし、マンションを買うときも自動車を買うときも、名義こそAさんですがじつはBさんも半額を出しましたし、Aさんの株式投資にもBさんがずいぶん相談に乗ったのも事実です。つまり、これらの財産はBさんと共同で形成したものとも言えます。にもかかわらず、遺言がないかぎりBさんはそれらを引き継ぐなんの権利もないのです。

しかし、もしここに遺言があり、Aさんの財産をBさんが相続することができれば、Bさんは名義上も自分のものとなったマンションにこれまでどおり住むことができます。また、Aさんが残した遺産によって、Bさんは金銭的にも安定した生活を送ることができるでしょう。

家族や親族であれば、だれかが亡くなったとき、たとえ遺言がなくても自動的に相続がなされます。しかし、同性パートナーシップのような、現在の法制度に規定がないライフスタイルをとる人は、みずから遺言を作成し、パートナーの一方に死亡という事態が起こっても、残ったほうの生活が打撃を受けないように、あらかじめ考え、手を打っておくことが必要です。

遺言はパートナー間だけでなく、シングルで生きる人にとっても、自分の遺産を親族の自由にされてしまうのではなく（それでかまわないのであれば別ですが）、自分のゆかりの人へ贈りたいなどの意思がある場合には必要な方法です。ただし、法定相続人には「遺留分」がありますので、遺言をする場合、その点への配慮が必要でしょう。

遺言には自分で書く自筆証書遺言や、公証役場で公証人に作成してもらう公正証書遺言など、いくつかの種類があり、民法に定められた形式をはずれると無効になるので、注意が必要です。

遺言の作成方法と遺留分については、Q37でくわしく説明しましたので、ご参照ください。

遺留分

遺言の内容にかかわらず、民法は、故人の配偶者、子、親に遺産の分配を保証しています。これを遺留分といい、その割合が決められています。ただし、故人の兄弟姉妹には遺留分はありません。くわしくはQ37を参照してください。

Q29 遺言状の取り扱いや相続税について、どうすればいいのでしょうか？

同性パートナーの死後、遺言状が出てきました。遺言状の取り扱いに必要な手続きについて教えてください。また、相続税が心配なのですが……。

家庭裁判所で検認

Q28で述べたように、遺言にはいくつかの種類がありますが、公証役場で作成してもらう「公正証書遺言」以外の形式の遺言、すなわち「自筆証書遺言」には、家庭裁判所で「検認《けんにん》」という手続きが必要です（民法千四条）。

遺言を発見した人は最寄りの家庭裁判所に遺言を提出して検認を請求します。封などがしてあるときは絶対開けてはいけません。

家庭裁判所は法定相続人など利害関係人を呼び出し、遺言書の現状を確認します。遺言の中身はおそらく法定相続人（親族）をさしおいて法的には赤の他人である同性パートナーのあなたに相続させようというのでしょうから、親族と一揉めあるのは覚悟しましょう。

そのためにも、中身を改ざんしたとかすり替えたとか、あらぬ疑いをかけられないように、しかるべき手順を踏むことが大切でしょう。

民法千四条

1　遺言書の保管者は、相続の開始を知った後、遅滞なく、これを家庭裁判所に提出して、その検認を請求しなければならない。遺言書の保管者がない場合において、相続人が遺言書を発見した後も、同様とする。

2　前項の規定は、公正証書による遺言については、適用しない。

3　封印のある遺言書は、家庭裁判所において相続人又はその代理人

相続財産の調査、相続放棄、相続税

さて、遺言の真偽が確かめられ、内容も法的に間違いがない、関係者から遺留分の申し立てもない、ということで、故人の全財産を同性パートナーのあなたが相続することが決まりました。

ところで、遺言には「全財産を遺贈する」とあるばかりで、その内訳《うちわけ》が書かれていませんでした。そこでまず、相続財産にはどのようなものがあるか、確認しましょう。

土地・建物は法務局で登記簿謄本をとって名義人や財産内容を確認したうえで、評価額は、土地は税務署そなえつけの路線価図で評価し、建物は固定資産税評価額（問合せは役場の課税担当）で確認できます。

預貯金の価額は残高どおり。有価証券の価額は時価。ほかに死亡によって支払われる生命保険金や死亡退職金、そして金庫・財布などに残っていた現金があるでしょう。それ以外に、美術品や貴金属、自動車、高価な庭木、電話加入権など、資産価値のあるものがあれば時価評価します。

つぎに、遺産はこれら「プラスの財産」だけではありません。「マイナスの財産」もあります。すなわち、借金や未払いの税金なども書き出します。これらの債務もじつは相続されるのです。

ここでマイナスの財産のほうがプラスの財産よりも多い場合は、相続放棄も考

の立会いがなければ、開封することができない。

相続放棄
相続の放棄をするには、相続開始を知った時から三カ月以内に、家庭裁判所に相続放棄申述書を提出します。この申述書が家庭裁判所で正式に受理されると相続放棄の効力が発生します。Q37参照。

えなければなりません。

プラスの財産があるとして、ここで相続税はどのくらいかかるものなのでしょう。

相続税にはまず基礎控除があり、遺産の総額から五千万円＋一千万円×法定相続人の数を差し引いた部分に課税されます。たとえば、故人は終生単身（つまり配偶者や子どもはいない）で、ご両親はすでに亡く、きょうだいが二人いるだけなら、法定相続人は二人ですから、控除額は七千万円です。これにくわえ実際は、遺産額からさらに死亡保険金の一定部分だの、葬式費用だの、借金や未払いの税金だののマイナスの財産など、さまざまな非課税分が控除されます。

じつは日本で相続税を納めるのは、亡くなった人のうちの五パーセントほど。そして、そういう人はとっくに銀行や弁護士と相談して、相続税対策をしているものです。ほとんどの人に相続税は関係ないでしょう。むしろウチは億の遺産があって税金がかかりそうだと思うかたは、お早めに専門家（税理士、ファイナンシャルプランナー、取引先の銀行など）に相談することをおすすめします。

名義変更の手続きは？

相続財産の中身がはっきりし、それらを相続することになったら、その名義を変更します。

不動産（土地・建物）は法務局で所有権の移転登記をします。動産、すなわち銀行通帳や株券などは、それぞれ銀行や証券会社で口座名義や株主名義の変更などをします。自動車や電話加入権も名義変更を。

これらの名義変更の手続きには、それぞれに戸籍（除籍）謄本や住民票、印鑑証明、場合によっては遺言書のコピーなどさまざまな書類が必要ですので、それぞれの届け出先の指示に従ってください。

あまりに煩雑な場合は、司法書士などの専門家に依頼することもできますが、法務局などの窓口で聞きながらやればできることですので、がんばってみてください。

Q30 遺言もなく親族もいない場合、同性パートナーの遺産はどうなりますか？

同性パートナーが遺言もなく亡くなりました。親や兄弟姉妹も死去、甥姪など法定相続人になれる人との連絡もつきません。法的にはどうするのが正しいですか。

身寄りがなく亡くなった人の財産処分

故人に相続人がいないときや、誰が法定相続人であるかが明らかでない場合などに、家庭裁判所が故人と特別の関係のあったものにその財産を引き継がせるという決定をすることがあります。その人のことを、特別縁故者といいます。身寄りのない人が亡くなって、法定相続人が現れないときは、つぎのような手順がとられます。どんなものにも所有権があり、法的な相続人以外は勝手に処分することができないからです。

1　利害関係人（たとえば世話をしていた人とか、家の大家さんなど）、または検察官が家庭裁判所に対し、相続財産管理人を選任するよう申し立てます。

2　それにもとづき家庭裁判所が相続財産管理人を選任します。

3　財産管理人は、相続人の捜索をしたり、借金その他があればその清算を行

民法九百五十八条の三（特別縁故者に対する相続財産の分与）

前条の場合において、相当と認めるときは、家庭裁判所は、被相続人と生計を同じくしていた者、被相続人の療養看護に努めた者その他被相続人と特別の縁故があった者の請求によって、これらの者に、清算後残存すべき相続財産の全部又は一部を与えることができる。

2　前項の請求は、第九百五十八条の期間の満了後三箇月以内にしなければならない。

ないます。

4　この清算のあと、まだ財産が残っていれば、家庭裁判所は、もう一度、六カ月以上の期間を定めて相続人の出現を待ちます。この期間が経過すると、相続人が現れても権利は時効になっています。

5　その後、「特別縁故者」からの申し立てによって、家庭裁判所は、その人に対して相続財産の全部または一部を与えることができます。特別縁故者もいない、あるいは特別縁故者に与えられなかった相続財産は、最終的には国庫に納められます。

特別縁故者とは、故人と生計を同じくしていた者、故人の療養看護に努めた者、その他、故人と特別の縁故があった者を言います（民法第九百五十八条の三）。身寄りのない老人をずっと世話していた近所の人などが、その人の死後、残った財産などを譲り受ける例などがあります。また、法定相続人になれなかった事実婚のパートナーや事実上の養子などの例もあります。

同性パートナーは特別縁故者

さて、特別縁故者の規定を同性パートナーシップにあてはめてみましょう。

パートナーが遺言もなく亡くなり、法定相続人がいないとか連絡がつかない場合があります。あるいは、法定相続人が全員、相続を放棄した場合もあるでしょ

民法第九百五十九条（残余財産の国庫への帰属）

前条の規定により処分されなかった相続財産は、国庫に帰属する。

縁故者へどれくらい分与されるか

家庭裁判所の財産分与の決定では、特別縁故者が分与を受ける財産の範囲は、財産全部ではなく、原則は一部しか分与されないという見解があります。というのも、これは一九六二年に追加された制度で、相続人がいない場合、あくまでも財産は国庫に入るのが原則だが、縁故者にも少しは形見分けをしようというような発想が残っているからだ、と言われています。

しかし、法的な親族でないにもかかわらず実質的な配偶者や子として精神的・経済的に故人をサポートしたものに報いる制度は、少子高齢化

う。

　こうして法定相続人がいない状態となり、さきほど述べた手順1の段階になります。あとはこの手順にしたがって、長年同居し、生計をともにしてきたパートナーであるあなたが「特別縁故者」として家庭裁判所に認められ、故人の財産を受け継ぐわけです。

　亡くなるまで闘病がつづき、そのかん療養看護に献身的に尽くした場合などは特別縁故者に当たるという裁判例もありますので、一緒に暮らしていたパートナーなどは、特別縁故者とじゅうぶん認められるでしょう。


社会、非婚化、晩婚化がいっそう進むであろう今後の日本社会でますます重要性を帯びてくるでしょう。

　この法の規定がもっと知られ、中身にも実質が伴っていくことを望むとともに、この制度はいささか煩瑣ではありますので、いざというときのためにも遺言を作成しておくことが大切でしょう。

Q31 同性パートナーと一緒にお墓に入りたいのですが、可能でしょうか？

二人で一緒に入れるお墓を買いたいのですが、どうすればいいでしょうか？　お墓も親族からの申し込みしか受け付けられないのでしょうか？

お墓難民、お骨難民が増えている！

亡くなったあとには、お墓の問題が起こることでしょう。そもそも「お墓を買う」とは、どういうことでしょうか。

墓園（公営、民営、寺院営など）にお墓を買う、あるいは建てるとは、その区画を所有するのではなく、「永代使用権《えいだいしようけん》を買う」ということです。継承者がいるあいだはそこを使用しつづける権利があるけれど、継承者がいなくなって何年かしたら、無縁墓《むえんばか(ぼ)》として遺骨は掘り返されて合祀墓《ごうしばか(ぼ)》などに祀られ、跡地はまたつぎの使用者に提供されるという仕組みです。

購入時の永代使用権料とはべつに毎年、若干の管理料を支払い、それが途切れたことで墓園がわも継承者がいる・いないの目安とするようです。

したがって、墓園に申し込むさいには、継承者がいるかどうかが条件とされるようです。一般的な夫婦家族の場合も、家族構成によっては申し込みを断わられることもあるようです（娘しかおらず、将来、お墓の継承者がいないことが予想されるなど）。

また、パートナーのお骨を納める墓園を求めようとする場合、「親族」以外からの申し込みが受け付けられるかは一概には言えません。都立霊園の申し込み者資格には、「申込遺骨と親族の関係にある」と明記されています。

こうした規定の一方、少子化や非婚化など家族状況の変化から、お墓の買えない「お墓難民」、行きどころのない「お骨難民」が増えている現状があります。

みんなで入ろう、「永代供養墓」「共同墓」

家代々が継承していくという建て前のお墓に替わって、家族スタイルやライフスタイルの多様化にともない、いま注目を集めているのが、「永代供養墓《くようばか(ぼ)》」や「共《きょう》同墓《どうばか(ぼ)》」です。

「永代供養墓」とは、無縁になっても（継承者がいなくても）霊園・寺院が供養・管理しつづけてくれるお墓のことで、近年、各地の寺院が積極的に売り出しています。墓石を立てるのではなく、位牌堂《いはいどう》スタイルが多いようです。「共同墓」とは同じような境遇の人が会を作り、合祀墓に共に葬られ、会員が供養していくというもので、「もやいの会」などを先駆けとします。

寺院の永代供養墓はその寺院の宗教・宗旨によって法要が営まれていくのに対し、共同墓では会としての宗教的行事は行なわず（個人が自分の宗教スタイルで礼拝

某寺の永代供養共同墓の例

創建四百年の古刹《こさつ》であるこの寺は、江戸時代以来、宗派の学問寺として栄えました。この寺が運営する「A会」は、当寺四百年記念事業の一つとして、家や代々の墓を持たない層が増えてきたことや、生涯独身者や墓の継承者がいないなどの大都市での状況に対して、「生前・個人の墓」の考え方の「永代供養墓」を最初に世に問うた会員組織として著名です。

現在、入会費用は位牌や永代供養費用その他のすべてを含めて入会時に八十万円を支払い、その後、年会費や管理費等の別途費用は一切ありません。

A会では現代の生活に寺・仏教の復興を呼びかけており、会員には毎月一日に座禅、読経、掃除、写経、授戒式、精進料理、仏教講話、供養などのプログラムが用意され、自由

するのは自由）、また、たんに墓所を提供するのではなく、そこに祀られることを希望する人たちの生前からの「地域・血縁を超えたネットワーク」作りという思想運動的な性格があるのも特徴です。

亡くなったあとも二人だけで入りたい、というお墓を建てる（買う）ことは、継承者の点などでちょっと困難かもしれませんが、この種の永代供養墓や共同墓を二人がそれぞれ申し込むことは可能でしょう。また、将来、たとえば同性パートナーシップを営んで暮らすことが多い性的マイノリティのための共同墓とか、それを運営するNPOなども生まれるかもしれません。

故人の親族から、「こちらに一族のお墓がありますから、お骨を引き渡してください」と要求されることがあるかもしれませんが、Q25で紹介したように、遺言その他で祭祀承継者が指定されてあれば、お骨の所有権はその祭祀承継者にあると主張できます。分骨などには、ケースバイケースで対応してください。

お墓は墓地に指定された場所にしか作れない

なお、自分の所有地に自分たちの墓を建てることはどうなのでしょう。どうしても二人だけでお墓に入りたい場合、私有地にお墓を建てて、そこへ入るのは自由でしょうか。

墓地、埋葬等に関する法律（墓埋法《ぼまいほう》）では、「埋葬又は焼骨の埋蔵は、墓地以外の区域に、これを行つてはならない」（第四条）とあり、この「墓地」とは、「墳墓《ふんぼ》を

に参加できます。もちろんこれも無料です。会員は、たんなる「お墓」としてだけ寺とつきあうのではなく、寺を一つの場所として生前からもさまざまな関係を繋ごうという趣旨が生かされています。

その「お墓」については、寺内にある位牌堂にA会の会員の納骨壇が設置されており、すでに三千名以上の位牌が祭壇上に並んでいます。「生前・個人墓」であるので、まだ生きている人の戒名は朱で記され、没後、金文字となります。納骨後は、毎年死亡月の一日に寺による供養が行なわれるほか、遺族や関係者が自由に訪ねて参拝し、故人を偲んでいます。

三十三回忌のあとは、遺骨は寺内の多宝塔に合祀され、供養が続けられます。

設けるために、墓地として都道府県知事の許可をうけた区域をいう」（第二条）とあります。

つまり、お骨や遺体（土葬の場合）はどこへでも埋めていいってもんじゃないよ、ということです。これは基本的に「国民の宗教的感情に適合し、且つ公衆衛生その他公共への福祉の見地から」（第一条）定められています。

自宅に広い庭があるのでそこへお墓を建てる、というのは、実際できるかどうかわかりませんが（田舎の旧家などで自家所有の山に一族のお墓があったりする）、二人が好きだった湖のほとりに土地を買ってそこにお墓を……というのは、いくら私有地だからといっても、ちょっと無理っぽいでしょう。

また、二人で飼っていたペットも一緒の墓に入れたいという希望には、人間のための霊園・墓地へのペットの納骨は墓地管理者に断られるケースが多いようです。ペット霊園で手厚く葬ってあげるのがよいでしょう。

墓地、埋葬等に関する法律（抜粋）

第一条　この法律は、墓地、納骨堂又は火葬場の管理及び埋葬等が、国民の宗教的感情に適合し、且つ公衆衛生その他公共への福祉の見地から、支障なく行われることを目的とする。

第二条の五　この法律で「墓地」とは、墳墓を設けるために、墓地として都道府県知事の許可をうけた区域をいう。

第四条　埋葬又は焼骨の埋蔵は、墓地以外の区域に、これを行つてはならない。

Q32 同性パートナーと別れるときには、どんな問題が起こりますか？

同性パートナー間で別れ話となったとき起こるトラブルにはどんなものがありますか。また、それらを解決するには、どういうことを心がければいいですか？

同性パートナーの別れ話トラブルあれこれ

どんなに仲良く、愛しあい、信頼しあっているカップルにも、（死別以外で）別れるときが来るかもしれません。そして、別れるとき（別れたあと）にはそれなりの問題が持ち上がっているものです。たとえば、

＊相手のためにこちらの名義でお金を借りていたが、別れたあと先方から返済がない。

＊借金の連帯保証人になっていたが、別れたあと相手は返済をしないので請求がこちらへ来た。

＊二人で築いた財産がごちゃごちゃになって、どう分割するかで揉めている。

＊親子ほど年の差のあるカップルで、年上が年下に「貢《みつ》ぐ」というと言葉は悪いが、それなりの金品を与えて生活の面倒もみてやっていた。別れたあとでそ

連帯保証人
Ｑ５参照。

れを　返せ・返さないで揉める。

＊Aさんの名義でマンションを買い、AB二人で金を出し合ってローンを支払っていたが、二人が別れてみるとAさんはマンションをすでに他人に売却しており、連絡もとれなくなった。Bさんは住む家と、それまで出していたローンを一度に失って途方に暮れている。

これらは弁護士などのところに持ち込まれているトラブルの、ほんの一例です。男女のパートナー間で起こるようなトラブルは、同性パートナー間にも十分起こりうることです。

同性二人間の対等性を守るのも、法の役割

こうしたトラブルが起こったときにはシロウト判断をしないで、やはりしかるべき法律の専門家に相談するのが解決への近道でしょう。

行政が開いている無料の法律相談などで、（たとえ同性の二人と言わなくても）おおざっぱな概要を話してアドバイスを受けるだけでも、解決の糸口が得られることがあるでしょう。また、本書巻末のリストにある専門家に相談してみるのもいいでしょう。

トラブルが起こったときは、えてしてパートナー間の弱い立場のがわに不利益が押しつけられます。弱い立場とは、年下だったり、経済力や自活力が弱かった

相手の一方的な問題で別れる場合

相手の一方的な問題で別れる場合、男女の夫婦と同様に、慰謝料を請求することも可能です。一方的な理由とは、ドメスティックバイオレンス（DV）や浮気、異性との結婚などが考えられます。共同生活の契約公正証書などに「貞操義務」などを盛り込んでいた場合には、それへの違反ということも言えます。

こうしたことの交渉には、弁護士など法律専門家を代理人に立てて行なうべきでしょう。相手が関係解消や慰謝料支払いなどに同意しなかった場合には、裁判などに持ち込むことも考えられます（もちろん、弁護士によっては、同性間では慰謝料はとれないなど、異なる考え方をする人もいるでしょうから、相談して信頼できる弁護士に依頼することが大切です）。

り、社会的地位が低かったり、病気や障がいを抱えていたり、ということです。パートナー間の関係が安定しているときには思いもよらなかった二人の差異が、一気に噴出するかもしれません。

そうしたときに、弱いがわが一方的に不利益を押しつけられていいわけがありません。法はそのときのためにあります。

同性パートナーシップの法的保障とは、第三者や社会に対して同性二人の関係や生活を保障せよと求めるものと理解されています。しかし、同時に、同性二人のあいだの対等なパートナーシップを支え、保障するのも、法の役割なのです。

現行法は、たしかに条文のなかで同性パートナーシップに言及はしていません。しかし、法は同性パートナーシップを保護しているわけではないが、同時に無視しているわけでもありません。法を適切に適用することで、パートナー間の弱い立場のがわが不利益を押しつけられないようにすることは可能です。

そのためには、私たちが法についての理解を深めるとともに、専門家の知恵を借りる勇気も必要です。

パートナー間の弱い立場

弱い立場に不利益が押しつけられる例として、一方の名義で購入した住宅に、もう一方も家賃を払ったりローンの半額を払ったりして住んでいる場合があります。そうした場合には、自分の側の支払いの記録が残るように、通帳を作って手渡すごとにサインをもらうとか（文具店で売っているものでＯＫ）、口座振替にしておくとよいでしょう。

プロブレムQ&A

Ⅵ

同性パートナーシップ保障、いまやれること

Q33 公正証書とはなんですか？　どうやって作るのですか？

同性パートナーシップを保障するための公正証書の話を聞きました。それはどのようなものですか？　それを作るとどんな効果があるのですか？

パートナーシップとは「契約」を結ぶこと

二人がパートナーシップを結ぶ、ということは、二人のあいだでいろいろなことを取り決める――法的に言うと、契約するということです。一方のパートナーに、もう一方になりかわってこれこれのことを行なってもらう（あるいは、行なってもいいと許可を与える）ということも契約ですし、一方が亡くなった場合、もう一方が残されたものを引き継ぐ、などということも契約です。

結婚とは、そうした契約がパッケージでもれなくついてくる制度であると同時に、二人がおたがいにそうした契約をしあった関係であることを公に認めるという制度でもあります。

現在、結婚制度は同性の二人では使えないことになっていますし（ただし、それを確認した人はいません）、同性の二人のための、それに類似した制度（外国のドメスティックパートナー法など）も、まだ日本にはありません。しかし、契約ならば、二人のあいだで自由意思にもとづき行なうことができます。おたがいが話しあって合意する契約を作るには、一つひとつその中身について、合意することが必要です。結婚との違いは、できあいのセットを買うのか、こだわりを生かしたオーダーメイドにするのか、そう喩《たと》えることができるかもしれません。

民法上、契約は口頭で行なっても有効です。しかし、口頭だけではあやふやになるので、ふつうは文書にします。文書の用紙は便せんでもなんでもかまいませんし、書式も自由です。しかし、あとで文言《もんごん》に解釈の違いが出てきたりして争いになることもあります。そもそも便せんなどでは、その契約文書自体が本物かどうか疑われたりすることもあります。

こうしたことを避けるには、契約を結びたい人が専門家に依頼して、法的にも問題のない文言にまとめてもらい、真偽を疑われることのない文書で作ることが必要です。できれば原本はどこかに登録しておいて、勝手に書き換えなどが起こらないようにしておくことも大切でしょう。

こうして同性パートナーシップ保障の動きのなかで注目されたのが、公正証書です。

公正証書とはなにか　どういうことを取り決めるのか

公正証書とは、公証役場《こうしょうやくば》で公証人に作成してもらう書類のことです。はじめにこれらのことについて説明しましょう。

公証人とは、原則三十年以上の実務経験を有する法律実務家のなかから法務大臣が任命する公務員で、裁判官・検察官・弁護士などのOBがなることが多いようです。公証人がいるのが公証役場で、全国に約三百カ所あります。その公証人によって作成された書類が公正証書で、原本は公証役場に保管されます。

公証役場ならびに公証人は、さまざまな業務を行なっています。会社を設立するときの定款《ていかん》の認証も公証役場で行ないますし、遺言も公証役場で作ることができます。公証人の認証があったり、公証役場に原本が保管されているとなれば、その文書はひじょうに信頼性の高いものと見なされ、裁判でも有力な証拠として扱われます。

わざわざ公証役場へ行って公正証書で作った契約ですから、その信頼性はきわめて高いし、そういうものをわざわざ作る二人のパートナーシップは、周りの人びとも尊重するべきだ、というのが、公正証書を作ることの効果です。

公正証書ではどのようなことを取り決めるのでしょうか。相手に委任することとしては、つぎのようなことがよく挙げられます。たとえば――

・自分の財産管理などについて代理する
・自分が病気のときなどに看護したり医者から一緒に説明を聞いたり、場合によっては治療の決定を代行する
・自分が不治の状態になって延命措置を望まない場合、その停止の判断をする

定款
Q38参照。

・自分の葬儀その他を取り仕切る

こうしたことの権限を相手に与えて委任するわけです。

結婚した二人だと、「家族」ということでとくに問題なく代理できることではあるのですが（法的には、家族でも本当は勝手にやってはいけないのですが……）、制度に当てはまらない人は、一つひとつ契約をして、はじめて正々堂々と行なうことができるというわけです。

また、周囲の人に対して、委任契約をしあった二人のパートナーシップを尊重し、配慮するよう求めていく、公正証書はその重要なツールとなるでしょう。

Q34 公正証書契約はどうやって作るのですか？

公正証書を作る手順を説明してください。また、どこへ行けばいいのですか。お金はどのくらいかかりますか。公正証書には問題点がありますか？

公正証書の作成手順

公正証書を作りたいと思う場合、つぎのような手順で進めます。

一　なにを契約するか、二人で話し合う　次ページに典型的な公正証書契約の例を掲載しておきますので参考にしてください。これとおなじものを作ってもかまいませんし、自分たちに不要な項目、逆にもっと必要な項目などがあれば、検討してみましょう。

二　最寄りの公証役場を探す、リサーチする　証書は全国どこの公証役場で作ってもかまいませんが、地元など行きやすいところをまず探してみましょう。そして、文案をもって出かけ、「二人でこうした委任契約を公正証書で作ってみたいのだが」と相談してみます。場合によっては、二人の関係を詮索《せんさく》され

公証役場の探し方

上述のように、公証人はそれぞれが独立して業務にあたっているため、同性パートナーシップの問題や尊厳死（その希望がある場合）について理解をしてくれるかは、かならずしも不明です。そのため、すでに証書を作ったことがある人やその経験のある弁護士などに聞き、好適な公証役場を探すこともよいでしょう。

弁護士に証書の作成を依頼した場合、弁護士への依頼料も発生します。そこで、自分で公証人と交渉できる

たり、尊厳死《そんげんし》の項目などについて「自分はそういう契約は無効になるかもしれないので作れない」という公証人もいるかもしれません。公証人はそれぞれが独立して仕事をしているので、公証人によって判断がわかれる場合があるのです。同性パートナーシップの問題に理解をしてくれそうな公証人（公証役場）を探す必要があるでしょう。

三　証書を作成し、手数料を払い、謄本《とうほん》を受け取る　証書を作ってくれる公証人（公証役場）が見つかったら、作成の趣旨や内容に盛り込みたいことを打ち合わせます。公証人は依頼者の希望にそって法的にも有効な文言を作成し、証書にしてくれます。指定された日に出かけ、署名や捺印をし、原本は公証役場に保管され、謄本を受け取り、作成手数料を払います。契約文書の作成手数料はおよそ一万四千円です。

これらはすべて自分でもできることですが、同性パートナーシップの問題に理解や経験のある弁護士や行政書士などに依頼して作ってもらうこともあります。この場合は、公証人の手数料のほかに弁護士や行政書士への報酬が必要になります。

公正証書の問題点

こうして作成した公正証書ですが、いくつかの問題点もなきにしもあらずです。

場合は、弁護士には相談のみ行ない、証書の文案などにアドバイスを受けるとともに、公証役場を紹介してもらうことも一法です。弁護士への相談料は通常、三十分で五千円（税別）です。

尊厳死

傷病により「不治かつ末期」になったときに、自分の意思で、延命措置をやめてもらい、人間としての「尊厳」を保ちながら死を迎えること。生前から、もし自分がそのような状態となったときには尊厳死を選ぶことを、あらかじめ文書などで宣言する動きもあります。宣言書は「リビング・ウィル」とも呼ばれ、日本尊厳死協会などが理解や普及活動を行なっています。

尊厳死については、現在もなお医療上や倫理上、刑法上さまざまな議まず証書はあくまでも二人のあいだでの相互委任契約であり、じつは二人以外の第三者を拘束するものではない、ということです。たとえば、相手に医療の場で看護したり病状説明を受けることを認める（委任する）と証書に明記していても、医者や家族がそれに従ってくれるかは、その場になってみなければわかりません。公正証書まで作って取り決めている、二人はそういう関係なんだ（だから看護をさせろ、病状を説明しろ）、と相手を説得するには力になるかもしれませんが、相手をそれに従わせる強制力は、公正証書にはありません。

契約はあくまでも両人のあいだのものでしかないことを、理解しておいてください。けっして公正証書は婚姻届とおなじものでも、また周囲の人をひれ伏させる水戸黄門の印篭《いんろう》でもありません。ただ、現在、同性二人のパートナーシップを裏書きする公的な制度がなにもないなかで、使えるものはともかく使ってみよう、というチャレンジのひとつととらえてください。

また、証書は、イザというときに抜いてみないと切れるかどうかわからないシロモノです。抜くときには、結局、まわりの人（医療者だったり家族だったり）に、二人の関係を公にする、つまりなんらかのカミングアウトを伴うことにもなります。その点も、理解をしてください。

論があり、賛否や見解がわかれています。

契約の終了

契約には、結ぶときとともに、終わらせるときのことも決めておくことが大切です。一方が契約の終了を希望したときや、一方がいなくなった場合（死亡や失踪）、どうするのかも、盛り込んでおくことが必要です。

財産管理等委任契約公正証書

本公証人は、委任者甲および受任者乙の嘱託により、以下の法律行為に関する陳述の趣旨を録取し、この証書を作成する。

第1条（契約の目的と委任事務の範囲）

甲と乙は、愛情と信頼にもとづいて共同生活を営んでいるところ、平成×年×月×日、両名の共同生活の維持、相互の療養看護および相互の財産の管理等を目的として、甲は、乙に対し、別紙任意代理権目録記載の事務を委任し、その事務処理のための代理権を付与する意思を表示し、乙は、その趣旨を理解した上で、これを受諾した。

第2条（療養看護に関する特則）

1　甲が疾病・事故等によって医療機関その他の場所において療養を必要とする状態になった場合には、乙は、甲の意思を尊重し、かつ、甲の身上に配慮するものとする。

2　甲は、乙に対し、前項の場合において、主治医その他医療機関関係者から甲の心身の状態につき説明を受けるなどにより、甲の健康状態の把握に努め、これに応じた看護をすることのできる権限を付与する意思を表示し、乙は、その趣旨を理解した上で、これを受諾した。

3　甲は、乙に対し、甲が疾病・事故等によって正常な判断能力を喪失したような場合には、医師または医療機関関係者から、その治療方法、治療場所等について説明を受け、これに同意を与え、または拒絶する権限を付与する意思を表示し、乙は、その趣旨を理解した上で、これを受諾した。

第3条（尊厳死に関する特則）

甲は、乙に対し、甲が現在の医学では不治の状態となり、すでに死期が迫っていると判断された場合、主治医等に対し延命措置の中止を求めるか否かの決定権を付与する意思を表示し、乙は、その趣旨を理解した上で、これを受諾した。

第4条（祭祀の主宰者に関する特則）

甲は、乙に対し、甲が死亡した場合の祭祀の主宰者として乙を指定する意思を表示し、乙は、その趣旨を理解した上で、これを受諾した。

第5条（契約の解除）

甲と乙は、何時でも本契約を解除することができる。

別紙任意代理権目録

1　次の各書類、印鑑、証書等の保管および委任事項処理のために必要な範囲内の使用

登記済権利証、預貯金の通帳および証書、有価証券、実印・銀行員・郵便局用の印、印鑑登録カード、年金関係書類、保険契約関係書類、不動産の賃貸・管理契約関係書類、以上に関連する書類等

2　不動産、動産等すべての財産の管理・保全・処分等に関する一切の事項

3　金融機関、証券会社、保険会社および郵便局とのすべての取引に関する一切の事項

4　定期的な収入の受領、定期的に支出を要する費用等の支払いおよびこれらに関する事項

5　甲の生活費の送金、生活に必要な財産の取得、物品の購入その他の日常関連取引に関する事項

6　医療に関する契約および介護契約その他の福祉サービス利用契約（施設入所契約を含む）に関する事項

7　複代理人の専任、事務代行者の指定に関する事項

8　以上の各事項に関連する一切の事項

以上

※この契約は甲が乙に委任する文書ですので、相互に行なうためには、逆に乙が甲に委任する契約も作成する必要があるでしょう。そのため、二重に手数料が必要になりますが、文章を変えて一通にまとめることができるか、公証人などと相談してみることもよいでしょう。

Q35 成年後見制度は、同性パートナーシップの保障に役立ちますか?

成年後見人になると第三者でもいろいろな代理権が得られると聞きました。ところで成年後見制度とはなんですか? なにか問題点はありますか?

本人の自己決定を補佐する成年後見制度

公正証書による契約の一種なのですが、現在ある法制度のなかで同性パートナーシップの保障手段としてしずかな注目を集めているのが成年後見《せんねんこうけん》制度です。

成年後見制度は、近年、高齢者福祉の現場を中心に広く知られるようになっていますが、同性パートナーシップ保障の動きのなかでも、これからキーワードになるかもしれません。同性パートナーシップの実質的な中身（の多く）を、法的に保障することができるかもしれない制度だからです。

最初に成年後見制度について説明しましょう。

人は成人になると、自分のことは自分で判断し、その結果についても自分で責任を負う自己決定が原則です。自分の財産の処分なども、法による強制収用でもないかぎり、自分で判断し、結果については自分で責任を負わなければなりません。

しかし、知的障がいや精神障がいがあって、すべてを自分の判断で行なうこと

後見、保佐、補助

	後見	保佐	補助
対象となる方	判断能力が欠けているのが通常の状態の方	判断能力が著しく不十分な方	判断能力が不十分な方
成年後見人等の同意が必要な行為		民法13条1項所定の行為	申立ての範囲内で家庭裁判所が審判で定める「特定の法律行為」
取消しが可能な行為	日常生活に関する行為以外の行為	同上	同上
成年後見人等に与えられる代理権の範囲	財産に関するすべての法律行為	申立ての範囲内で家庭裁判所が審判で定める「特定の法律行為」	同左

民法13条1項では、借金、訴訟行為、相続の承認・放棄、新築・改築・増築などの行為が挙げられています。

がむずかしい人もいます。高齢になって認知症などによって判断能力が低下するなどは、だれの身にも起こりうることだといえます。

これまでそうした意思能力のない人や低下した人には、民法に「禁治産《きんちさん》」という制度があり、裁判所が禁治産宣告をすると、本人にかわる「後見人」「保佐人」が選任されました。禁治産とは「財産管理などを禁ずる」という意味です。しかし、この言葉はいかにも差別的ですし、禁治産宣告を受けると戸籍に記載されるなど、差別的であることも指摘されていました。

高齢社会で認知症その他により判断能力が低下する人も増えているなかで、この制度をもっと使いやすくするために二〇〇〇年四月から始まったのが、成年後見制度です。禁治産が、本人の自己決定権を取り上げる、制限する、とでもいう主旨なのに対し、新しい制度では、本人に残っている自己決定権を尊重し、あくまでもそれを補佐するという理念にかわりました。

従来、判断力の低下したお年寄りなどについては、「家族が面倒を見る」ということで、本人の許諾も得ないで本人名義の財産を管理・処分したりすることがあります。しかし、たとえ親族といえども、こうしたことは本当は不法行為なのです。銀行等でも、預金の引き出しや解約に本人確認や、たとえ親族でも委任状を求めるようになっています。

成年後見制度にのっとることで、だれかがだれかの財産管理など自己決定の一部を代行したり、保佐・後見をしても、それが法的にも有効であると言えるように

禁治産・準禁治産の廃止

二〇〇〇年からの成年後見制度の開始にともない、禁治産・準禁治産の制度は廃止され、禁治産は新制度の後見に、準禁治産はおなじく保佐に移行することになりました。そして、これまで禁治産や準禁治産の措置を受けていた人は、成年後見制度にのっとってあらためて後見や保佐の登記が行なわれます。登記が行なわれると、登記官から本人の本籍地の市区町村へ通知され、禁治産や準禁治産の記載がない新しい戸籍がつくられます。

なりました。

さらに言えば、保佐・後見をする人は親族とはかぎりません。法律では、弁護士や行政書士などの専門家を想定していたようですが、基本的にはだれでもかまいません（あとで述べますが、後見人になった人には、裁判所によって後見監督人がつけられ、後見人といえども勝手なことができない仕組みになっています）。つまり、現在、法的には赤の他人である同性パートナーも、成年後見制度にのっとることで、パートナーの法的保護者としての立場を主張することが可能だと考えられるのです。

ここに、成年後見制度が同性パートナーシップ保障の〝台風の目〟になるかもしれない理由があります。

あらかじめ「この人が私の後見人」と選任できる

この制度の利用の流れをご説明しましょう。

老化や認知症などによって、ある人の判断能力が低下したとき、本人や親族などから家庭裁判所に申し立てて、審判によって後見人を決めることができます。これを「法定後見《ほうていこうけん》」といいます。禁治産の制度を改善したものです。後見人の公表は、禁治産制度のように戸籍による表示ではなく、登記で行なわれ、プライバシーの保護がはかられています。

法定後見は、本人の判断能力が衰えてから申し立てられるものですが、判断能力が十分にあるうちから行なえるのが「任意後見《にんいこうけん》」です。二〇〇〇年から新設され

任意後見の流れ

任意後見の契約を公証役場で行なう

↓

将来、本人の判断能力が衰える

↓

任意後見の受任者が家裁に後見監督人の選任申し立てを行なう

↓

家裁が監督人を選任し、それらを登記する

↓

任意後見人としての立場で行為できるようになる

たものであり、私たちが注目するのはこちらの制度です。

任意後見は、判断能力が十分なうちに、自分の能力が減退・喪失したとき自分にかわって財産管理や、福祉サービス・施設入所などの手続き（これらはすべて契約という経済行為です）を行なってくれる人をあらかじめ決めておき、その人を任意後見人とする契約を結んでおく制度です。任意後見人となることを引き受けた人、すなわち受任者は、本人が認知症などで判断ができなくなったら家庭裁判所に自分を監督する「任意後見監督人」の選定を申し立て、監督人が決まった時点から法的な後見人としての効力が生じる仕組みです。

また、任意後見の契約は、公証人が作成する公正証書でしなければなりません。Q34でお話した公正証書による委任契約と内容的には同等のものでありながら、こちらは現在ある法制度にのっとったものであり、さらに契約をした人を「任意後見受任者」と称することができるのが強みです。

後見人はこんなことができる

同性パートナーと任意後見契約を結びたい場合、具体的にどうすればいいのでしょう。

まず、おたがいがおたがいの後見人になることにしましょう。ちなみに、後見人にはとくに資格制限はありません。専門家でもシロウトでも、複数でも、法人でもかまいません。ここでは、パートナーシップ保障のためにおたがいがおたがいの

成年後見制度を活用した事例（いずれも法定後見）

後見の例
本人はアルツハイマー病で二年前から入院しているところ、本人の弟が事故死し、財産を相続することとなりました。ところが弟には負債しか残されておらず、相続放棄をしたいのですが、本人は全然わからない状況です。そのため、妻が後見開始の申し立てをしました。
家庭裁判所の審理をへて、妻が本人の成年後見人に選任され、本人にかわって妻が相続放棄の手続きをしました。

保佐の例
本人は一年前に夫を亡くしてから一人暮らしをしていましたが、中程

後見人になることにしますが、信頼する弁護士などになってもらってもいいし、将来はたとえば同性パートナーシップを営むことが多い性的マイノリティの後見を受任するためのNPOなどが設立されるかもしれません。もちろん、これはパートナーのあいだで行なうとはかぎらず、シングルのライフスタイルを送る人にも使える制度です（単身高齢者の保護など、むしろそれが制度の目指すところのひとつです）。

さて、先述のとおり契約は公正証書で行ないますので、お近くの公証役場を探してみましょう。

つぎに、任意後見ではなにを委任するのか、その中身について二人で相談したり、公証人に相談してみます。後見人に委任できることは、自分のかわりに財産管理をしてもらうとか、契約を結んでもらうなどの「経済行為」にかぎります。昨今、銀行での預金の引き出しなどにも、本人確認が厳しく求められます。これらの経済行為において、後見人はまさに本人の代理人の資格で当たることができます。

しかし、後見人にできることには、自分の介護をしてほしいなどの「事実行為」は含まれません。

よく使われる「代理権目録」のヒナガタを紹介しておきましょう。公証役場でも、このあたりでどうですか、などと勧められることが多い内容です。

1. 不動産、動産等すべての財産の管理・保存・処分等に関する一切の事項
2. 金融機関、証券会社、保険会社とのすべての取引に関する一切の事項

度の認知症が現われて、長男家族が引き取ることになりました。長男は、本人名義の老朽化した住宅や土地を売りたいと考え、保佐開始の申し立てをしました。

家庭裁判所の審理をへて、長男が保佐人に選任され、不動産の処分についての代理権も与えられたので、売却手続きを進めました。

補助の例

本人は軽度の認知症があり、家事の失敗などもみられるようになりました。そして長男が日中仕事で留守のあいだに、訪問販売員から必要のない高額の呉服を何枚も購入してしまいました。困った長男は、補助開始の審判の申し立てをしました。

家庭裁判所の審理を経て、長男が補助人に選任され、同意権も与えられました。その結果、本人が長男に

3. 定期的な収入の受領、定期的な支出を要する費用の支払いに関する一切の事項
4. 生活に必要な送金、物品の購入、代金の支払いに関する一切の事項
5. 医療契約、介護契約その他の福祉サービス利用契約に関する一切の事項
6. 登記済権利証、預貯金通帳、株券等有価証券又はその預り証、印鑑、印鑑登録カード、各種カード、貴重な契約書類の保管及び各事項処理に必要な範囲内の使用に関する一切の事項
7. 以上の各事項に関して生ずる紛争の処理に関する一切の事項（民事訴訟法第五十五条一、二項の訴訟行為、弁護士に対する上記訴訟行為の授権、公正証書の作成嘱託を含む）。
8. 上記各項に関連する登記、供託の申請、税務申告、各種証明書の請求に関する一切の事項
9. 複代理人の選任、事務代行者の指定

これぐらいあげておけば、ほとんどの経済行為は代行できるでしょう。

契約書には、後見人の契約をおたがいの申し出によって解除できるという取り決めも必要でしょう。

作成時に必要な書類として、本人の戸籍謄本と住民票各一通、任意後見人になる人の住民票。また、作成料としては一件について一万一千円、そのほかに登記費

断りなく十万円以上の商品を購入してしまった場合には、長男がその契約を取り消すことができるようになりました。

法務省民事局「ご存じですか　成年後見制度」より紹介

用などで、全部で二万円程度の費用がかかります。

実際に加齢などによって本人の判断能力が不十分な状況となったときには、任意後見人になる予定の人が本人の住所地を管轄する家庭裁判所に任意後見監督人選任の申し立てを行ないます。家庭裁判所が任意後見監督人を選任したことで、はじめて任意後見契約の効力が生じることはさきに説明したとおりです。

「私はこの人の任意後見受任者です」と主張する

任意後見は、年をとって一方の判断能力がなくなってから使う話ではありません。契約を結んだ段階で、おたがいはおたがいの任意後見受任者となります。第三者に対しても、「私はこの人の任意後見受任者である」という法的な立場を主張することが可能になります。なにかの緊急事態で、「親族のかたですか?」と問われて、「いいえ、親族ではありませんが、任意後見人となる予定のものです」と言えるわけです。

また、高齢になって特養老人ホームなどの介護施設に入るさいにも、その身元引き受け人として、その信頼性や効用は大きなものがあるでしょう。成年後見とか任意後見という言葉は、医療や福祉の分野では知られてきているので、いっそう効果が期待されると思われます。

しかし、問題もないわけではありません。任意後見での委託内容はあくまで「経済行為」にかぎられるので、さきに公正証書契約のところでお話した、看護・介護・療養に関すること、尊厳死などに関すること、祭祀に関することは盛り込むことができません。これについてもハッキリ取り決めたいと思う場合はべつにQ34のような契約書を作ることになり、これを公正証書で行なう場合には、さらに作成料がかかることになります。公正証書による財産管理の委任契約ならば、任意後見と同様の内容を契約することができますが、それに対しては「任意後見人」の名前は使えません。

任意後見の名称をとるか、エコノミックに一通の証書にまとめて任意後見の名称は捨てるか、それぞれのパートナー間の事情や考え方によって選択することになります。

Q36 パートナーと養子縁組をするには、どうやればいいですか？

二人の関係で万一にそなえるため、このさい養子縁組しようと思います。でも、本当にそれで大丈夫なのか不安な面もあるのですが……。

さまざまなことが可能になる「親子」関係

養子縁組とは、二人が法律上の親子になることです。ここでは二人の意志で自由に縁組できる「普通養子」についてお話します。

日本はこの養子縁組が諸外国にくらべてとてもかんたんにできる国と言われています。武家や各種の芸事の家元《いえもと》など、「お家」の存続をなにより大事にしてきたことが背景にあるのかもしれません。臨終の床であわてて跡継ぎを決める「末期《まつご》養子」もありました。

養子縁組をして法律上の親子になってしまうと、それまで「親族」の壁にはばまれてできなかったことも、すべてクリアできます。たとえば――

＊税金や社会保険の面ですべて家族として取り扱われる。すなわち、一方に収入がない場合、扶養家族として税金で扶養控除を受けたり、自分の会社の健

普通養子と特別養子

養子にはほかに、「父母による監護が著しく困難または不適当などの特別の事情があり、子のために特に必要」として、家庭裁判所の審判によって行なわれる特別養子がありますが、ここでは普通養子にかぎってお話します。

養子の種類

成人間（二十歳以上）の養子は、これを自由に行なうことができます

康保険を利用させたり、自分が死んでも厚生年金から遺族年金などを受給させることができる。

＊「家族（親族）」を条件とするサービスや商品を購入することができる。すなわち、生命保険の死亡受け取り人に指定することができる。携帯電話その他の家族割り引きサービスなどを購入（申し込み）することができる。公営住宅への申し込みも受理されるし、民間賃貸住宅への同居もスムーズに契約できる。共同ローンも組める可能性が高い。

＊たいがいの場面で、保護者として、あるいは意志決定の代行者として見なされる。すなわち、医療現場での看護や病状説明での同席などに医療者の理解が得られやすい。ただし、金銭にかかわる契約行為には、昨今、「家族」であっても法的な委任契約のあることが求められることが多いが。

＊一方が死亡した場合、法的な親族として相続が発生する。すなわち、遺言がなく突然亡くなることがあっても、法定相続人となれる。

さまざまなことが、法律上の親子というだけですべてクリアされるのが、養子縁組の「メリット」です。同性パートナーシップを法的に保障する方法がない日本で、一種のバイパスもしくは緊急避難策として養子縁組が利用されてきたのは事実です。

（普通養子）。ただし、未成年を養子にする場合は、「自己又は配偶者の直系卑属を養子とする場合」を除き、家庭裁判所の許可を得なければなりません（民法七百九十八条）。

　また、普通養子以外に、「父母による養子となる者の監護が著しく困難又は不適当であることその他特別の事情がある場合において、子の利益のため特に必要があると認めるとき」（民法八百十七条の七）に家庭裁判所に審判によって行なわれる特別養子があります。

養子縁組はどうやって行なうか

普通養子の縁組をする場合は、二人が成年であれば、自由に縁組ができます。養子が未成年者である場合は、家庭裁判所の許可が必要です（民法七百九十八条）。また、養親となる側は、かならず二十歳以上であることが必要です（民法七百九十二条）。言うまでもありませんが、年上を養子とすることはできません（民法七百九十三条）。

養子となると、養親の氏《うじ》（姓）を称します（第八百十条）。つまり現在の戸籍から養親の戸籍にはいり、名字が変わります。とはいえ、実の親との親族関係が終了するわけではありません。結婚して独立した子どもも、実の親から相続を受けることができるのとおなじです。

養子縁組をしたい場合は、つぎのものをそろえて、住所地の市区町村役場の戸籍窓口で養子縁組の届け出をしてください。

【用意するもの】

養子縁組届

届け出人の印鑑

それぞれの戸籍謄本（住んでいるところ以外に本籍がある場合）

未成年者を養子とする場合は家庭裁判所の許可書の謄本

本人を確認できるもの

養子にかんする民法条文（抜粋）

（養親となる者の年齢）
第七百九十二条　成年に達した者は、養子をすることができる。
（尊属又は年長者を養子とすることの禁止）
第七百九十三条　尊属又は年長者は、これを養子とすることができない。
（未成年者を養子とする縁組）
第七百九十八条　未成年者を養子とするには、家庭裁判所の許可を得なければならない。ただし、自己又は配偶者の直系卑属を養子とする場合は、この限りでない。
（嫡出子の身分の取得）
第八百九条　養子は、縁組の日から、養親の嫡出子の身分を取得する。
（養子の氏）
第八百十条　養子は、養親の氏を称する。ただし、婚姻によって氏を改めた者については、婚姻の際に定めた氏を称すべき間は、この限りでない。
（協議上の離縁等）
第八百十一条　縁組の当事者は、その協議で、離縁をすることができる。
４　前項の協議が調わないとき、又は協議をすることができないときは、家庭裁判所は、同項の父若しくは母又は養親の請求によって、協議に代わる審判をすることができる。
６　縁組の当事者の一方が死亡した後に生存当事者が離縁をしようとするときは、家庭裁判所の許可を得て、これをすることができる。
（裁判上の離縁）
第八百十四条　縁組の当事者の一方は、次に掲げる場合に限り、離縁の訴えを提起することができる。
１　他の一方から悪意で遺棄されたとき。
２　他の一方の生死が三年以上明らかでないとき。
３　その他縁組を継続し難い重大な事由があるとき。
（離縁による復氏等）
第八百十六条　養子は、離縁によって縁組前の氏に復する。ただし、配偶者とともに養子をした養親の一方のみと離縁をした場合は、この限りでない。
２　縁組の日から七年を経過した後に前項の規定により縁組前の氏に復した者は、離縁の日から三箇月以内に戸籍法の定めるところにより届け出ることによって、離縁の際に称していた氏を称することができる。
（養親子等の間の婚姻の禁止）
第七百三十六条　養子若しくはその配偶者又は養子の直系卑属若しくはその配偶者と養親又はその直系尊属との間では、第七百二十九条の規定により親族関係が終了した後でも、婚姻をすることができない。

養子縁組届

平成　年　月　日届出

長殿

受理　平成　年　月　日	発送　平成　年　月　日
第　号	
送付　平成　年　月　日	長印
第　号	
書類調査　戸籍記載　記載調査　附票　住民票　通知	

記入の注意

鉛筆や消えやすいインキで書かないでください。

届書は、1通でさしつかえありません。

この届書を本籍地でない役場に出すときは、戸籍謄本または戸籍全部事項証明書が必要ですから、あらかじめ用意してください。

養子になる人が未成年で養親になる人が夫婦のときは、一緒に縁組をしなければいけません。

養子になる人が未成年のときは、あらかじめ家庭裁判所の許可の審判を受けてください。

養子になる人が十五歳未満のときは、その法定代理人が署名押印してください。また、その法定代理人以外に監護をすべき者として父又は母（養父母を含む。）が定められているときは、その者の同意が必要です。

筆頭者の氏名欄には、戸籍のはじめに記載されている人の氏名を書いてください。

	養子になる人	
（よみかた） 氏名	養子　氏　名	養女　氏　名
生年月日	年　月　日	年　月　日
住所 （住民登録をしているところ）	番地　番　号 （よみかた）世帯主の氏名	
本籍 （外国人のときは国籍だけを書いてください）	番地　番 筆頭者の氏名	
父母の氏名 父母との続き柄	父 母　続き柄　男	父 母　続き柄　女
入籍する戸籍または新しい本籍	□養親の現在の戸籍に入る　□養子夫婦で新しい戸籍をつくる □養親の新しい戸籍に入る　□養子の戸籍に変動がない 番地　番 筆頭者の氏名	
監護をすべき者の有無	（養子になる人が十五歳未満のときに書いてください） □届出人以外に養子になる人の監護をすべき□父　□母　□養父　□養母がいる □上記の者はいない	
届出人署名押印	印	印

	養親になる人	
（よみかた） 氏名	養父　氏　名	養母　氏　名
生年月日	年　月　日	年　月　日
住所 （住民登録をしているところ）	番地　番　号 （よみかた）世帯主の氏名	
本籍 （外国人のときは国籍だけを書いてください）	番地　番 筆頭者の氏名	
その他		
新しい本籍（養親になる人が戸籍の筆頭者およびその配偶者でないときは、ここに新しい本籍を書いてください）	番地　番	
届出人署名押印	養父　印	養母　印

養父母　□免□除□住　□その他□無　（　）
通　父・母

届出人（養子になる人が十五歳未満のときに書いてください）		
資格	親権者（□父　□養父）□未成年後見人　□特別代理人	親権者（□母　□養母）
住所	番地　番　号	番地　番　号
本籍	番地　番　筆頭者の氏名	番地　番　筆頭者の氏名
署名押印 生年月日	印 年　月　日	印 年　月　日

証人		
署名押印 生年月日	印 年　月　日	印 年　月　日
住所	番地　番　号	番地　番　号
本籍	番地　番	番地　番

養子・女親父母　□免□除□住　□その他□無　（　）
通　子・女・父・母
送　年　月　日
使者　□免□除□住　□その他□無　（　）
確認送付

連絡先　電話（　）
自宅・勤務先[　]・携帯

養子離縁届

平成　年　月　日届出

長殿

受理　平成　年　月　日	発送　平成　年　月　日
第　号	
送付　平成　年　月　日	長印
第　号	
書類調査　戸籍記載　記載調査　附票　住民票　通知	

記入の注意

鉛筆や消えやすいインキで書かないでください。

届書は、1通でさしつかえありません。

この届書を本籍地でない役場に出すときは、戸籍謄本が必要ですから、あらかじめ用意してください。

養子が十五歳未満のときは、離縁後に法定代理人となる人が署名押印してください。

筆頭者の氏名欄には、戸籍のはじめに記載されている人の氏名を書いてください。

裁判離縁、死亡した者との離縁のときは、次のものが必要です。

調停離縁→調停調書の謄本　　認諾離縁→認諾調書の謄本
審判離縁→審判書の謄本と確定証明書　　判決離縁→判決書の謄本と確定証明書
和解離縁→和解調書の謄本　　死亡した者との離縁→許可の審判書の謄本と確定証明書

	養子	
（よみかた） 氏名	養子　氏　名	養女　氏　名
生年月日	年　月　日	年　月　日
住所 （住民登録をしているところ）	番地　番　号 （よみかた）世帯主の氏名	
本籍 （外国人のときは国籍だけを書いてください）	番地　番 筆頭者の氏名	
父母の氏名 父母との続き柄	父 母　続き柄　男	父 母　続き柄　女
離縁の種別	□協議離縁 □調停　年　月　日成立 □審判　年　月　日確定 □死亡した者との離縁　年　月　日許可の審判確定	□和解　年　月　日成立 □請求の認諾　年　月　日認諾 □判決　年　月　日確定
離縁後の本籍	□もとの戸籍にもどる　□新しい戸籍をつくる　□養子の戸籍に変動がない （よみかた） 番地　番　筆頭者の氏名	
届出人署名押印	印	印

	養親	
（よみかた） 氏名	養父　氏　名	養母　氏　名
生年月日	年　月　日	年　月　日
住所 （住民登録をしているところ）	番地　番　号 （よみかた）世帯主の氏名	
本籍 （外国人のときは国籍だけを書いてください）	番地　番 筆頭者の氏名	
その他		
届出人署名押印	養父　印	養母　印

届出人（離縁する養子が十五歳未満のときに書いてください）		
資格	離縁後の親権者（□父　□養父）□未成年後見人	離縁後の親権者（□母　□養母）
住所	番地　番　号	番地　番　号
本籍	番地　番　筆頭者の氏名	番地　番　筆頭者の氏名
署名押印 生年月日	印 年　月　日	印 年　月　日

証人（協議離縁または死亡した者との離縁のときだけ必要です）		
署名押印 生年月日	印 年　月　日	印 年　月　日
住所	番地　番　号	番地　番　号
本籍	番地　番	番地　番

連絡先　電話（　）
自宅・勤務先[　]・携帯

また、養子縁組届には、成人二人の証人が必要です。頼める人を探しておきましょう。これらをそろえて窓口に届け出れば、不備がないかぎり受理され、法的な親子になります。

養子となって氏が変わった側は、パスポートや健康保険証、銀行その他の届けなど、さまざまな公私にわたる書類・届けの名義変更を余儀なくされるなど、煩瑣《はんさ》な手続きを強いられることも覚悟しておいてください。

養子縁組は、もちろん自由に解消することもできます。役場の窓口に「離縁届」を提出してください。養子だった人は、実の親の戸籍へ戻るか、自分の戸籍を作ってそこへ入ります。二人のあいだで離縁について話し合いがこじれた場合は、家庭裁判所に申し立てて協議や裁判を行なうこともできます。結婚における協議離婚や裁判とおなじことです（民法八百十一条〜八百十四条）。

養子縁組の問題点

届けは、不備がないかぎり役所は受理しなければなりませんが、年が近いなど、場合によってはなぜ親子になるのか、その理由を詮索された例があります。

紙一枚の届けによって、さまざまなことが「家族・親族」としてたちまち可能になる。しかも、届け出はまったくかんたん。養子縁組制度は、魔法の杖なのでしょうか。

たしかにそう言える面もなきにしもあらずです。ただし、本来の目的（親子関係

役所に詮索された事例

名古屋市在住の河村昌信・章孝さんは、同居して十年目に養子縁組届けをするさいに、役所窓口で三歳違いということもあり理由を詮索されました。本人がついに「自分たちはゲイカップルで、これしか家族になれる方法はない。将来的なことを考えて縁組したい」と訴えたところ、窓口担当の上司が出てきて、「そうですね、そういう形でしか現在のところはできないですよね」と言って受理しました。

（赤杉・土屋・筒井編著『同性パートナー』社会批評社より）

の創出）とは別の目的で制度を使うことが、いざというときに争いのタネにならないとも限らないことが懸念もされています。

たとえば、養親が亡くなって養子への相続が起こった場合、法にもとづけば養子がすべてを相続するのですが（養親に配偶者がおらず、養子以外に子がいない場合）、養親がわの親族から「養子への相続は無効だ、そんな目的のために行なわれた養子縁組はそもそも偽装だ」などの訴えを起こされた場合、裁判所はどう判断するだろうという議論や心配がないわけではないのです。あるいは、遺族年金の請求時に社会保険庁が、生命保険の支払い時に保険会社が、「法的にはたしかに親子だが、そもそもこの養子縁組はいかがなものか」などと言い出した場合にはどうなるか？

当事者の側にも、そもそも対等であるべきパートナーシップに親子というタテの関係を持ち込む養子縁組はおかしい、という原則的な意見もあり、「安易」に養子縁組をすることへの抵抗感もなきにしもあらずです。

さらに現民法は、養親子の関係にあったものは離縁後も婚姻することができないと規定しています（民法七百三十六条）。遠い将来、日本にもしも同性婚の制度ができたとき、養親子関係になっていたことはネックとなる、と考える人もいます。

とはいえ、それこそ緊急避難的に選択される場合、養子縁組も有力なツールとなることは知っておいていいことだとは思われます。

Q37 同性パートナーへの遺産相続のために、遺言について教えてください。

もし私が遺言を書いておかなければ、私の財産はすべて親族へ行くそうですが、パートナーに残すためにはどうすればいいのですか？

遺言は財産処分について法的効力のある文書

同性パートナーシップの間で懸念されることのひとつは、一方から一方への財産の継承です。あなたの死後に、いま住んでいるあなた名義の家にパートナーをそのまま住まわせたり、あなた名義の財産を引き継がせてその生活を安定させるためには、養子縁組をするのでないならば、きちんと遺言を作ることをご検討ください。

遺言は、財産処分についてあなたの意思を示し、第三者もそれに従わなければならない、法的拘束力のある文書です。ただし、そのためにはきちんと法にかなった書式や形式を整えないと無効になるので注意が必要です。また、遺産相続には遺留分の問題も起こってきますので、それへの理解も必要です。

まず、遺言でできることはなんでしょうか。

遺言でできることは、

遺言でできることと、根拠となる民法の条名

相続人の廃除と廃除取消（八百九十三条・八百九十四条）
相続分の指定および指定の委託（九百二条）
遺産分割方法の指定および指定の委託、遺産分割禁止（五年を限度とする）（九百八条）
遺贈（九百六十四条）
子の認知（第七百八十一条の二）
未成年後見人・未成年後見監督人の指定（八百三十九条・八百四十八条）

＊相続や遺贈《いぞう》などの財産処分に関する事項
＊生命保険の受け取り人の指定
＊喪主や祭祀承継者の指定（だれが自分の葬儀の喪主をしたり、遺骨やお墓に責任をもつか）

などにかぎります。

相続や遺産処分に関することとは、だれになにを贈る、なにはだれとだれとで折半《せっぱん》せよ、生命保険のうちいくらはだれそれに与えよ、どこそこ財団へいくら寄付する、などのことです。この遺言を○○弁護士に執行してもらえ、など遺言の執行者についても指示することができます。それ以外のこと、たとえば「みんなで仲良く暮らすように」などとあっても、それには法律上の効力はありません。

相続財産としては、家や土地などの不動産、預貯金や有価証券などがおもなものですが、賃貸物件に住んでいる場合、賃借権も相続されますので、遺言があれば、故人の名義で借りていたマンションに残されたパートナーが住み続けることが可能になります。また、そのさいに名義書き換え料なども払う必要はありません（あくまでも相続であって、新契約ではないということです）。

しかし、遺言によって「財産の一切を贈る」とあっても、あとで財産の中身を調べてみたら借金のほうが多かった、ということもあります。Q29で述べたように借

祭祀主宰者の指定（八百九十七条の一）
特別受益の持戻しの免除（九百三条の三）
相続人間の担保責任の定め（九百十四条）
遺言執行者の指定および指定の委託等（千六条・第千十六条～千十八条）
遺贈の減殺の方法（千三十四条）

遺言の種類
普通方式の遺言
自筆証書遺言
全文が遺言者の自筆で記述され、日付けと署名捺印があるもの。検認が必要。
公正証書遺言
遺言内容を公証人に口授し、公証人が証書を作成する方式。証人二名と手数料が必要。証書の原本は公証役場に保管され、遺言者には謄本が交付され、遺言書の検認は不要。

金（負債）も相続財産にふくまれます。その場合には、相続放棄という手続きをとることができます。三カ月以内に、最寄りの家庭裁判所に相続放棄の申し立てをします。家裁から、本当に相続放棄をするのかどうかの照会がきますので、記述して返送すれば手続きは終わりです。債権者、つまり借金取りに対しては、家裁の受け取り証明をとっておけば防御することができます。

有効な遺言の作り方

遺言には、いくつか種類があることは、モノの本などに書いてあるとおりですが、同性二人のパートナーシップを保障するために作る遺言として、自筆証書遺言と公正証書遺言の二つについて説明します。

自筆証書遺言は、全文を遺言者本人が自筆で書いたもので、パソコンなどで印字したものは無効となります。さらに、かならず日付けと署名・捺印が必要です。弁護士など専門家に相談して文案を作ってもらったものでも、遺言にするさいには、全文を自分で書き写し、日付けを入れ、署名・捺印する必要があります。本文を訂正するときにも一定の書式があり、それにはずれると無効になります（むしろ全文を書き直したほうが安全でしょう）。

自筆証書遺言は、全文自筆などの点で多少面倒ですし、遺言者が死亡したあと家庭裁判所で検認という手続きを受けなければなりません（Q29参照）。また、原稿も弁護士や行政書士など法律の専門家に、法的に漏れやあいまいな書き方がないか

秘密証書遺言

秘密証書で作った遺言を公証役場へ持ち込み、公証人が証書提出日および遺言者の申述内容を封紙に記載し、遺言者および証人とともに署名押印して本人に返す。自筆証書遺言に比べて、公証人が関与しているので、偽造・変造の心配はないが、いささか複雑である。検認が必要。

特別方式の遺言

一般危急時遺言

病気などで死亡の危急が迫った人の遺言形式。証人三人以上の立会いのもと、一人に遺言者が遺言内容を口授して筆記させ、本人および他の証人に読み聞かせたあと、署名捺印する。二十日以内に検認が必要。

難船危急時遺言

沈没する船舶や事故飛行機に乗っていて死亡の危急が迫った人の遺言

見てもらったほうがよいでしょう。しかし、メリットは自分で何度でも書き換えができることであり（遺言は最新の日付けのものが有効）、しかも自分がやるのですから、それはタダだということです。

一方、公正証書遺言は公証役場で公証人に遺言したい内容を口述して作ってもらう遺言で、法律的にも漏れがなく、信頼性が高い遺言です。もよりの公証役場で作ってもらいます。そのさいには、二名の証人の立ち会いが必要ですから探しておく必要があります。できあがった公正証書は、公証人が読み聞かせて確認します。口述や読み聞かせについては、話せない・聞こえない人も、現在、手話通訳などを介して公正証書遺言を作ることが可能になりました。

公正証書遺言は、信頼性が高く、裁判所での検認手続きもいりません。しかし、デメリットとしては、証人が必要であるなど作成が面倒だということと、もちろん公証人への作成料が必要だということです。財産の価額がたとえば五千万円で二万九千円、それに遺言加算の一万一千円や謄本料といったところです。そのために、自筆証書遺言のように頻繁《ひんぱん》に書き換えることはできないでしょう。

それぞれの事情におうじて選択されたらいいと思います。

コラムに、一般的な遺言の文案を掲げておきますので、アレンジして自筆証書遺言を作成してみてはいかがでしょうか。財産について細かい指示が必要でない人は、これでも法的には十分有効です。また、遺言があることは生前から関係者に知らせておかないといけません。

方式。証人二人以上の立会いが必要。証人の一人に遺言者が遺言内容を口授させ、本人および他の証人に読み聞かせたあと、署名捺印する。遅滞なく検認が必要。

一般隔絶地遺言

伝染病による行政処分によって交通を断たれた場所にいる人の遺言方式。刑務所の服役囚や災害現場の被災者もこの方式で遺言をすることが可能。警察官一人と証人一人の立会いが必要。家庭裁判所の確認は不要。

船舶隔絶地遺言

船舶に乗っていて陸地から離れた人の遺言方式。船長または事務員一人と、証人二人以上の立会いが必要。家庭裁判所の確認は不要。

公正証書遺言の作成依頼をする場合に準備しておく書類

1　遺言者本人の印鑑登録証明書

遺留分について

ところで、遺言には遺留分という問題があります。あなたがパートナーに全財産を贈ると遺言したときに、あなたの親族が「赤の他人に財産をすべて取られるのは納得できない」と申し立てることがあるのです。

法律では、不法な遺言から親族を保護するためとして、遺留分の制度を設けています。これはだれかに全財産を贈るとあっても、親族の申し立てによって、そのうちのいくらかは親族に与えなければならないという規定です。

この遺留分を申し立てることができる人と、その割合は、つぎのとおりです。

故人の配偶者や子　二分の一
故人の親（配偶者や子がいない場合）　三分の一
故人の配偶者と親　配偶者に三分の一、親に六分の一（合計で二分の一）

ですから、自分になにかの事情で離婚していない配偶者や実子がいる場合、あるいは親が生きている場合には、遺留分の問題があることを考慮しておいてください。もちろん、それらの人たちが遺留分の請求を放棄するのであれば、なんの問題もありません。ですので、親族にカミングアウトするしないはともかく、生前から遺言とその贈り先のことを、遺留分の権利がある人がいるならその人たちに話し

2　遺言者と相続人との続柄が分かる戸籍謄本
3　財産を相続人以外の人に遺贈する場合には、その人の住民票
4　財産のなかに不動産がある場合には、その登記事項証明書（登記簿謄本）と、固定資産評価証明書または固定資産税・都市計画税納税通知書中の課税明細書
5　証人となる予定者二名の名前、住所、生年月日および職業をメモしたもの

具体的な手数料の算出方式

1　財産の相続または遺贈を受ける人ごとにその財産の価額を算出し、それごとに手数料額を求め、合算して当該遺言書全体の手数料を算出する。
2　全体の財産が一億円未満のときは、算出された手数料額に、一万

て、遺言がそのとおり行なわれるように理解を求めておくことは、大切なことだといえます。
この遺留分は、兄弟姉妹には請求権がありませんので、配偶者や子どもは無く、両親ともすでに亡くなっている場合には、たとえきょうだいがいても、すべてを同性パートナーに相続させることが可能です。

公正証書遺言を作成する場合の手数料

（目的財産の価額）	（手数料の額）
100万円まで	5,000円
200万円まで	7,000円
500万円まで	11,000円
1,000万円まで	17,000円
3,000万円まで	23,000円
5,000万円まで	29,000円
1億円まで	43,000円

（1億円を超える部分については省略）

一千円を遺言加算する。
3　遺言書の作成に必要な用紙代（一枚二百五十円）
4　公証人が、病院、自宅、老人ホーム等に赴いて公正証書を作成する場合には、1の手数料の五割加算と往復交通費、日当。

公正証書遺言の照会

一九八九年（東京都内は一九八一年）以降に作成された公正証書遺言は、日本公証人連合会において全国的にコンピューターで管理しているので、遺言の有無などを照会できます。

コラム②

遺言の書き方例

つぎの文例をご覧ください。

遺言書

第一条　遺言者は、遺言者の有する一切の財産を、赤川太郎（昭和××年×月×日生まれ、本籍東京都中野区×××）に包括遺贈する。

第二条　遺言者は、この遺言の遺言執行者として、前記赤川太郎を指定する。

第三条　遺言者は、自身の葬儀ならびに祭祀を主宰すべき者として、前記赤川太郎を指定する。

平成××年×月×日

住所　東京都新宿区×××

遺言者　白山次郎

遺言で財産を贈る場合、「遺贈《いぞう》」という言葉を使います。遺贈する相手は、生年月日と本籍を記して本人を確定させます。

この文例のように「一切の財産を（包括）遺贈する」で法的には大丈夫ですが、財産の内容を具体的に列記したり、財産別に遺贈先を変えたりすることもできます。住宅はだれそれに、預金はだれそれに、という具合にです。その場合には、不動産は登記簿謄本で地番や家屋番号を特定したり、預金なども銀行・支店名、口座番号、名義人などを明示して特定することが重要です。だれに、なにを遺贈するのか、それぞれ明確に、あいまいな解釈の余地のないように書きます。

このほかに遺言の執行者を指定しておくと、その人が預金口座の引き出しとか、財産の登記書き換えなど、遺言の内容を実現するためにとくに選任された人であることを示すことができます。文例ではそのまま受遺者《じゅいしゃ》を執行者に指定していますが、信頼する弁護士や行政書士など専門家にお願いしてもいいでしょう。

三条目は葬儀やお墓についても任せたことを示すものです。このことで、受任者がお葬式の喪主をつとめるほか、お骨は受遺者が管理することを主張できます。

遺言では、生命保険の受け取り人の指定もできます。これは、通常、二親等以内でなければ受け取りが認められない生命保険金を、法的には他人である同性パートナーに贈る方法で、「何某が受け取り人である△△生命保険の保険金（保険証書番号×××）の全額（あるいは〇分の一など）を、何某に遺贈する」と遺言で指定することができます。遺言には、例文のように保険証書の番号などを明記します。

ただし、あらかじめ受け取り人になっている人に、自分の死後、あなたが受け取り人になっている生命保険のお金はだれそれに渡してくれ、ということを了解しておいてもらわないと、あとで争いになりますから注意が必要です。

こうしてできた遺言を、全文、自筆で清書します。代筆は認められていません。紙の指定はありません。便せんでもかまいませんし、文具店で売っている罫紙《けいし》でもかまいません。複数枚になったときは、ホッチキスなどでまとめ、署名捺印に使う同じ印鑑で割印をします。筆記具はペンや毛筆など、容易に消せないものを使用します。書きまちがえたときは、修正液などで修正せず、全文書き直しましょう。最後にかならず日付けを入れ、印を押します。印は実印（印鑑登録をしている印）がいいでしょう。そして、封筒に入れ、遺贈する相手とか遺言執行人に預けたり、保管場所をそれらの人に教えておきます。

また、はじめて書くときには専門家に目を通してもらって、法律的に間違いがないかを確かめてもらうこともお勧めします。

遺言そのものは、以上の内容でオーケーですが、これに先立って「前書き」をつけておくのもいいと思います。自分はなぜこの相手に遺贈するのか。二人の出会いから遺贈することに決めた思いなどを述べておくと、遺言を読む人がいっそうその内容を尊重することでしょう。前書きそのものは遺言ではないので、パソコンで書いて、同封しておくことでもかまいません。

自筆証書遺言で万一の間違いを心配するかたは、公証役場で公証人に相談して、公正証書遺言を作成してもらうことをお勧めします（本文参照）。

Q38 同性パートナーシップの関係を会社にする、とはどういう方法でしょうか？

二人の関係をいっそ会社にしてしまえば、生命保険の契約も会社名義でできるし遺産相続の問題もないと聞きました。そんなことってあるのでしょうか？

一円起業で二人の関係を株式会社にしてしまう？

同性パートナーシップのライフスタイルを安定させるための方策として、二人の共同生活を「株式会社」にしてしまう、という「荒技《あらわざ》」があります。

現在、新会社法が施行されて、株式会社を設立することがひじょうに簡単になりました。有限会社が廃止され株式会社に一本化された一方、その設立に必要とされていた最低一千万円の資本金が一円以上に引き下げられ、これはその後も増資する必要がありません。いわゆる「一円起業」です。

二人の共同生活を会社化する、つまり法人化すると、どのような利点があるのでしょうか。

大きな財産――住宅の所有権とか賃借権、自動車など――を会社の名義にすることで、一方に万一のことがあっても相続であわてる必要がありません。会社名義で家を借りていれば、いわば会社の社宅として、会社が借りているあいだ、ずっと

一円起業
現在の会社法では最低資本金の規定が廃止され、資本金なしでも会社を設立することができるようになっています。

住み続けることができます（住宅を購入してしまう場合は、会社名義では住宅ローンが組めないので、即金で購入することになりますが）。

同性パートナーを受け取り人に指定できなかった生命保険も、会社を受け取り人にして会社名義で申し込むことができます。

携帯電話など会社で利用するとメリットのあるサービス（社員間の無料通話など）を購入することもできます。

住宅の家賃や保険料は社員である当人たちが払って、立て替え費用として会社へ回します。会社の決算上は、経費（赤）が溜まっていくだけのことです。会社名義で家や自動車を買うと、固定資産税や自動車税がかかってくるでしょうが、これは個人で所有してもおなじことです。これも社員が立て替えて払います。こうやって大きな買い物や払いをするときは、社員である当人たちが会社へお金を貸し付けたり立て替えたりするかたちで処理をしていきます。これまた会社の決算上は、負債が溜まっていくだけのことです。

こうして経費や負債が溜まる一方、とくに会社として売上を立てているわけではないので、経常利益はずっと赤のままで、事業税がかかる心配もありません。

設立手続きや毎年の決算、法人住民税はかかるが……

もちろん、会社化することはいいことづくめではないでしょう。

まず、設立するときには、資本金は一円でいいとしても、登記その他にそれなりの費用やわずらわしさがかかります。まず会社の定款《ていかん》をつくり、公証役場で認証を受け、法務局へ登記をします。定款などの書式は、日本法令などが出している穴埋め式の市販のものを使えばよく、会社設立の目的も、よくある例としては「インターネットでの物品販売、およびそれに付随する事業一切」などで、とくに問題はありません。

会社は法人という法律上の「人」ですから、こうした費用や手続きは、いわば産院でのお産や命名、そして役場への出生届のようなものです。

また、設立したあとは、毎年、決算をしなければなりません。いわゆるペーパーカンパニーであまり活動はしていないので、伝票の枚数も少なく、会計士などの手をわずらわせるまでもないかもしれませんが、シロウトには慣れが必要でしょう。引っ越しするときも、登記の変更が必要です（人間の転出入届けとおなじ）。

そして、いくら赤だらけで法人税がかからないとしても、毎年七万円（東京都の場合）の法人住民税がかかります。二人で月割りにすれば三千円弱ですが、三十年のパートナーシップでは二百十万円。これをどう見るか。

こうした手間ひまを差し引いても、二人の共同生活を法人化してメリットがあると思う人は、チャレンジしてみる価値はあるのではないでしょうか。

言い忘れました。ご自分の本業のお勤め先で出世して役員になる予定のかた。役員就任のさいには、ほかの会社の役員になっていないか審査されるでしょうから、出世する予定のかたには、自分が会社の役員になるこの方法はお勧めできませ

定款

会社を設立する場合、会社の名前（商号）やその所在地、資本金額、決算の時期や株主総会、取締役会などについて定めた定款を作成し、公証役場で遺漏がないか認証を受けなければいけません。定款はいわば会社の憲法のようなものです。

ん。

「家族法人」という考え方

法人化のメリットとして、最初に相続対策と生命保険について書きましたが、まだまだ利用のしがいがあると思います。

愛と夢に満ちた神聖であるべき二人の共同生活を、即物的な株式会社などにするとはなんということ！　そうお嘆きになったり、お怒りになるかたには、もとよりそぐわない方法でしょう。しかし、二人の共同生活は二人のビジネスでもある、「これもありかな」と思うかたは、検討してみてください。

会社は解散、清算するまでは半永久的存在ですから、つぎの人に引き継ぐこともできますし、これは二人だけでなく三人以上の共同生活でも利用できます。

株式会社とはいかにも不粋《ぶすい》な言い方ですが、「家族」をひと組の男女と血縁者によるユニット、とだけ見るのではなく、共同生活したい人どうしによる「家族法人」とクールに見なすのは、一理ある考え方ではないでしょうか。

Q39 同性パートナーシップの制度ができたら、カミングアウトは不要ですか？

私は親には一生カミングアウトする気はありません。親につべこべ言われないためにも早く同性パートナーシップの法制度ができるといいと思います。

カミングアウトは、じつはパートナーシップ保障の方策？

同性二人によるパートナーシップを安定させるために、これまで公正証書や成年後見制度、養子縁組、遺言、はては会社作りなどを考えてきました。「同性婚」に類した法制度がない日本で、同性二人のあいだに、他人もそれに従わなければならないような法的拘束力をもつ関係を導き出す方法は、いまのところ養子縁組と、財産処分について法的拘束力をもつ遺言だけです。ほかはたんなる両人間での契約にすぎません。

とはいえ、今日、個人の自己決定が強く言われています。もともと法律も、個人の自己決定に任せたうえで、それでもトラブルが生じたときにはこうしなさい、と定められたものだと考えられます。たとえば、故人の財産（遺産）を相続の権利のあるものどうしで話し合って円満に分割できればそれでいい。それがうまくまとまらないときのために、民法は法定相続分を定めています。その逆ではないのです。

同性パートナーシップを営みながら生きていきたいという二人を周囲が認め、受け入れ、それでまるくおさまるならば、なにも公正証書や成年後見制度、養子縁組、遺言、はては会社作りだのは必要ないのです。その意味で親族や周囲へ二人の関係性への理解をなんらかの方法で求めることは、二人のパートナーシップを安定させ、保障するためには不可欠だといえます。

生みの親との関係を断ち切る方法はない

親族（両親やきょうだい、近い親戚）に、二人のパートナーシップへの理解を取りつけておくと、税金や年金など制度として決まっていることは無理としても、さまざまな場面がラクになるでしょう。

入院や看護の場面で親族によって同性パートナーが排除されることはないでしょうし、親族も認めている人を医者や病院側が排除できるわけはありません。相続の場面においても、親族はあなたへも遺産分割を考えてくれるでしょう（ただし、あなたの名前を書いた遺言がない場合、相続税ではなく、相続をした誰かからあなたへの贈与の扱いになりますが）。

なによりも、二人がなぜ共同で生活しているのかをいぶかしがられたり、とがめ立てられたり、邪魔をされたりしないですむことでしょう。ともかく日常の平和をかき乱されずに生活できることほど、ありがたいことはありません。万一のときに、それまで二人の生活に関係なかった人が突然「親族」の名前で舞台に上がってくることもありません。

同性婚やドメスティックパートナー法の制度ができれば、親に（あの辛い）カミングアウトをしないですむのではないか、だから早く制度ができてほしい、と思っている人がときどきいます。落ち着いて考えれば、そんな理屈がありえないことはすぐわかります。どんな制度であれ、役場に行ってその制度に登録するということは、二人が同性パートナーシップを営んでいることを社会的にカミングアウトすることにほかなりません。

レズビアン・ゲイをはじめ性的マイノリティについての理解が少ない日本の土壌で、カミングアウトが困難であることは言うまでもありません。一度のカミングアウトで親族の理解が得られる保障もありません。その後の継続的なフォローも必要でしょうし、逆にそれが断絶の契機となることもありえます。

しかし、日本の法律では、じつは生みの親との関係を解消することはできないのです。どこまでもついて回ります。だからこそ、親族に対してなにかしらの手を打っておく必要があります。それがカミングアウトと言われるものかどうかはともかく、二人の生活の安定策として必要ならば……。

Q40 同性パートナーシップのことで困ったときは、どこへ相談すればいいですか？

同性パートナーシップが直面するいろいろなケースを知りました。専門家にも相談したい場合、どんなときにどういう専門家に相談すればいいのでしょうか？

結婚は、一度それに登録するとさまざまな特典が「もれなくついてくる」パッケージです。一方、同性パートナーシップは一つひとつ、自分たちにそれは必要か、自分たちはどうしたいかを話しあい、確かめあってつくるオーダーメイドの関係です。現在ある法律の範囲内でなにができるか、「頭の体操」の世界だとも言えます。

さまざまな場面で専門家の知恵を借りたいことがあるでしょう。一般に、どういう質問はどういう人に相談すればいいのかをまとめてみました。

弁護士

公正証書や成年後見、遺言、養子縁組、外国人の在留資格のほか、大きな財産の購入や分割、借地借家権問題、対行政・対企業交渉、訴訟など、ほとんどの法律問題に対応してもらえるでしょう。

行政書士

こちらも公正証書や遺言など文書の作成など、同性パートナーシップの法的保障について弁護士と同様のことにあたることができます。ただし弁護士のように法廷での代理人となることはできません。「裁判未満」の法律問題には、便利です。

司法書士

不動産を買ったときの登記や、相続にともなう登記書き替えについて、お世話になるかもしれません。

会計士・税理士

年末調整や確定申告などでの配偶者控除関係の扱い、パートナーからの贈与や相続があった場合の税金などについての相談は、この人たちに。また、二人の共同生活を会社化した場合、会計処理や決算業務を代行してもらったり、相談することがあるかもしれません。

社会保険労務士

健康保険や年金など、社会保険制度についての専門家です。

ファイナンシャルプランナー

生命保険や貯蓄などの金融商品についての専門家です。住宅購入とローンの問題や、ライフスタイルにあわせた保険の見直しなら、この人へ。

こうした専門家に相談したり依頼したりする場合は、当然、報酬が必要になります。弁護士などの場合、最初の相談は三十分・五千円（プラス税）が標準です。

そのうえで仕事に着手した場合、実際の費用が発生します。

また、専門家であればだれでもいいわけではありません。同性パートナーシップで生活しようとする人の事情や気持ちに通じている人でなければ、相談しても効果がありません。巻末に同性パートナーシップの生活サポートに対応できる専門家のリストを掲げておきますので、参考にしてください。

こうした専門家に相談したり依頼したりするまえに、地元の行政の無料相談などを利用してみるのもよいでしょう。役場の公報などで内容や日時を確認して、利用してみましょう。かんたんな法律知識で解決することがあるかもしれません。ただし、相談員がたとえ専門家でも、同性パートナーシップやレズビアン・ゲイなど性的マイノリティの事情に通じているかどうかは定かではないので、注意が必要です。

現在、性的マイノリティのコミュニティにはさまざまな当事者グループやNPOがあり、そのなかには長年、法律的相談にも対応してきたグループもあります。定期的に電話相談などを受けつけている場合がありますので、そうしたところに相談してみるのもよいでしょう。

一人で抱えこんだり悩んだりせず、なるべく専門的な知識を求めて動くことが大切です。

同性パートナーの法務相談に対応する専門家リスト

【弁護士】

伊東大祐弁護士
あおぞらみなと法律事務所　03-5510-3301
105-0003　東京都港区西新橋 1-17-11　リバティ 11 ビル 4 階

金子祐子弁護士
横浜法律事務所　045-662-2226
231-0012　神奈川県横浜市中区相生町 1-15　第二東商ビル 7 階

鈴木隆文弁護士
アライズ総合法律事務所　047-376-6556
272-0023　千葉県市川市南八幡 4-5-20　エムワイビル 5A

角田由紀子弁護士
田中合同法律事務所　055-932-7223
410-0832　静岡県沼津市御幸町 20-2　御幸ビル 5 階

中川重徳弁護士
諏訪ノ森法律事務所　03-5287-3750
169-0075　東京都新宿区高田馬場 1-16-8

永野靖弁護士
東京南部法律事務所　03-3736-1141
144-8570　東京都大田区蒲田 5-15-8

森野嘉郎弁護士
池袋市民法律事務所　03-5951-6077
171-0014　東京都豊島区池袋 2-55-13

山下敏雅弁護士
東京パブリック法律事務所　03-5979-2900
170-0013　東京都豊島区東池袋 1-34-5　池袋 SIA ビル 2 階

【行政書士】

行政書士法人 Withness（ウィズネス）096-283-6000
862-0972　熊本県熊本市新大江 1 丁目 7-45　桜ビル新大江 2 F

レインボーサポートネット・植本行政書士法務事務所　092-611-3508
812-0064　福岡県福岡市東区松田 1-12-38-307

行政書士小野合同法務事務所　03-3454-1288
105-0014　東京都港区芝 2-22-23　冨味ビル B 1 F

行政書士佐竹事務所　06-6362-3184
530-0046　大阪市北区菅原町 10-12-2301

レインボーサポートネット・行政書士中橋事務所　093-761-2398
808-0012　福岡県北九州市若松区深町二丁目 10-24

宮中法務事務所　03-3776-5445
143-0025　東京都大田区南馬込 1-58-5

この専門家リストは、住所の表示が可能で、掲載許可をいただいたかたを掲載しています。なお、このリストに掲載することで本書の監修や記述への責任を負うものではありません。これ以外にも同性パートナーの法律問題に対応している専門家のかたの情報がありましたら、ぜひ、出版社あてにお知らせください。

あとがき

ここに「同性パートナー生活読本」と銘打った本をお届けするにあたって、「じゃあ、パートナーがいない人はどうすればいいの?」という声があることを予想します。事実、事前の宣伝や予告のさいに、チラシに掲げた書名を見てそのような反応をされた人も、少なからずいました。

たしかにこの本は、「同性パートナー」を書名に掲げ、同性パートナーと二人で暮らすスタイルをケーススタディしていますが、それが自分の(現在の)ライフスタイルと違う、ただそのことを理由としてふたたびこの本を書店の棚に戻すことのないことだけは、お願いしたいのです。

人は誰であっても、誰か他人との関係性なしには暮らしてはいけません。いまシングルで生きている、そして一生をシングルで生きていくと予想したり、すでにそう決意したりしている人であっても、それはおなじです。生まれ、老い、病み、死んでゆく人生において、母親との関係なしにはありえない「生」の場面はもちろん、他の「老病死」いずれの場面をとっても、他者との関係性なしにはありえません。

その関係性をとり結ぶ相手について、私は、同性であろうが異性であろうが、同居していようがいまいが、そして相手とのあいだに性愛があろうがなかろうが、区別をするのはおかしいのではないか、という思いを強くもっています。そう思うがゆえに、自分がシングルで生きているからという理由だけで本書を用なきものと見なすのであれば、それは早計ではないだろうか、と思うのです。「〝おひとりさま〟だって、自分の看護や介護、そして死後の遺産の処分について、だれかの手を煩わさないわけにはいかないはず。そのとき現在シングルのあなたにも、法律が決めているのとは違うやり方への希望があるのではないですか?」と。

同性パートナーがいようがいまいが、本書に書かれたことは、法と自己決定を考えるうえで、セクシュアリティを超えてすべての人の議論の出発点となることを信じてやみません。

本書を書き上げて、いまあらためて重要だと思うことを、三点に整理して述べたいと思います。

まず、だれもが法や制度についての重要性を認識し、具体的な知識をもつことです。性的マイノリティの中高年からのエイジングについて、同性パートナーとの生活の今後について、いたずらに不安を口にするまえに、あるいは海外の同性婚やパートナーシップ法を憧れたり、日本にそれがないことを嘆いたりするまえに、現在の日本の法や制度はどうなっているのか、そこでどこまでできるのか、できないのならなにが変わればできるのか、そもそも自分はなにを求めているのか、これらのことをハッキリさせ、そこから確実な歩みを具体的に進めることが大事だと思うのです。

さいわい日本は法治国家です。法に不備や不満があるなら、それを改正する方法もまた法に明記されています。法は私たちを規制するものではなく、私たちにできることを列記したものです。イエス、ウイ・キャン、私たちはできるのです。

二つめは、法や制度について、だれかに任せっきりにするのではなく、みんなが取り組み、その模索と実践結果をみんなで交流させあい、共有することです。法や制度は、この国に生きる人すべてに平等に適用されるものです。あるところで認められたことが、違うところでは同じ法によって認められないということは、あってはならないことです。ここではできた、こうしたらできた、という情報は、他の人にとってもそのまま役に立ちます。実践の交流がとても重要です。もちろんそのためには、だれかがやってくれるのを待つのではなく、みんなが法や制度にアクセスし、取り組み、実践にもとづいて堅実な議論を積み重ねることが前提です。「私はこうした。あなたはどうする?」——すべてはここから始まります。

そして三つ目には、想像力のスパンを広げ、つねに自己を相対化しながら、より普遍的な発想やタフな構想力を鍛えることです。

異性パートナーに認められることを同性パートナーにも認めよう、という基調で私は本書を書き進めてはきましたが、ときどき「では、パートナーとはなんだろう」という思いにかられたのも事実です。性愛を含む排他的な関係をとり結ぶ一対（同性であれ異性であれ）、それをパートナーと言うのだとしたら、なぜその関係性のみが他の関係性よりも特段の法的保護の対象となるのだろうか。二人以上の関係にはパートナーの名称は冠しえないのだろうか。そこには性愛がなければならないのだろうか、性愛をともなわない「友愛」による関係性は保護の対象にならないのだろうか。そもそも「家族」とはなんだろう……。このような思いから、私はたわむれにも「家族法人」などという言葉を使ってみたのですが（Q38参照）、民事連帯契約と訳されるフランスのパックスも、立法過程で三人以上での契約の可能性を審議したものの、結局、性別こそ問わぬまでも、あくまでも（性愛をともなう）二人間での契約に落ちついたことが知られています。

とはいえ、私自身はここで極端にラジカルな主張をする気はなく、異性パートナー家族同様、まずは同性パートナー家族も認められていくべきとの、漸進的な改良の立場をとるものですが、同時に自分が主張するところのものが人類史上、絶対的なものではない、つねに歴史の過渡期にあるものだぐらいの認識は持つべきではないかと思っています。

さて、本書の仕事を契機に私は、これからも法や制度についての情報を収集・整理・研究し、さまざまな人びととのネットワークを作ってゆければと願っています。また、法や制度の改変には議員や行政関係者との連携も不可欠であり、問題意識を共有する人びととともに、今後そうした方面への働きかけも行なっていければと思っています。

こうした動きにご関心を持たれたかたは、ぜひ私あてご連絡をたまわりますよう、お願い申し上げます。

末尾になりますが、本書の刊行にあたっては、緑風出版のかたがたに多大なご迷惑をおかけいたしました。本書の企画を緑風出版に提案したのはずいぶん以前で、もういつであったかも思い出せないほどです。ちょうどおなじころ、社内では本シリーズの『パートナーシップ・生活と制度』企画が進んでおり、それがいわば理論編であれば、本書はその同性パートナーの実践編として位置づけられ、取材や執筆がスタートしました。しかしその後、私自身の身辺のさまざまな事情から脱稿が遅れに遅れました。このかん辛抱強く待ちつづけてくださった版元のみなさんには、深くお詫びを申し上げます。

執筆過程では、何人かの法律等の専門家のかたにもお世話になりました。ここにお名前を挙げることは、かえって監修の責を押し付けることになるため控えますが、心より御礼を申し添えます。

本書は、私自身もゲイの生活者の一人として、長い人生の具体的な場面における法や制度の実態と、その解決策や役に立つ考え方を、ともかく（私をふくむ）シロウトにわかりやすく、具体的・実践的に、と心がけて執筆しました。

とはいえ、かならずしも法務や社会保険、金融の専門家ではない身ですので、記述のなかには誤りもあることと思います。これをご覧になる専門家や読者のかたから、ご訂正や情報をお寄せくださるようお願い申し上げます。また、こうした場面はどうなのか、といった新たなご質問もお待ちしています。これらはもし本書が重刷したり改訂版を出せる機会に、反映させていきたいと思います。

なお、本書では子どもの養育などについての記述は盛り込むことができませんでした（これは私の男ジェンダーのなせる無関心によるものかもしれません）。諸外国の同性婚やそれに類する制度の解説も、取り上げませんでした。これらについては、さいわい先述の『パートナーシップ・生活と制度』にくわしいので、ぜひそちらをご覧ください。

本書が、この国における、地に足のついた生活人としての性的少数者、なかんずく同性愛者の歩みになんらかの資するものとなれば、自身もまたこの国に生きるゲイの一人として、これにまさる喜びはありません。

二〇〇九年一月

東京・中野にて　　永易至文

〈著者略歴〉
永易　至文（ながやす　しぶん）

1966年、愛媛県生まれ。上京後、1988年ごろよりゲイのコミュニティ活動にかかわりはじめる。大学卒業後、人文・教育書の出版社での勤務を経て、2001年、フリーランス編集者となる。2002年、自身の仕事の足場として有限会社にじ書房を設立、同年、同性愛者のライフスタイル創造マガジン『にじ』（季刊）を創刊。ポルノグラフィやゲイのサブカルチャー以外の、同性愛者の社会活動や中高年以後の同性愛者のライフスタイルに着目した記事・編集で注目された。04年、8号をもって『にじ』終刊後は、フリーライター／編集者として、同性愛者のコミュニティ活動やHIV／エイズに関する記事を一般誌紙やゲイ雑誌に執筆。NPO等の冊子編集、各地の当事者サークルや行政による学習会の講師などもつとめている。

現在、新宿2丁目にあるコミュニティーセンターaktaで毎月、「同性愛者のためのライフプランニング研究会」を主宰している。

編著に『レインボーフォーラム　ゲイ編集者による論士歴問』（緑風出版）、フリー編集者としての仕事に上野千鶴子著『サヨナラ、学校化社会』（太郎次郎社エディタス）など。

モットーは、生涯在野、一生活者。nagayasu@w8.dion.ne.jp

プロブレムQ＆A
同性《どうせい》パートナー生活読本《せいかつどくほん》
[同居・税金・保険から介護・死別・相続まで]

2009年3月2日　初版第1刷発行　定価1700円＋税
2010年7月2日　第2版第1刷発行

編著者　永易至文©
発行者　高須次郎
発行所　緑風出版
〒113-0033　東京都文京区本郷2-17-5　ツイン壱岐坂
〔電話〕03-3812-9420　〔FAX〕03-3812-7262　〔郵便振替〕00100-9-30776
[E-mail] info@ryokufu.com
[URL] http://www.ryokufu.com/

装　幀　堀内朝彦
組　版　R企画　印　刷　シナノ・巣鴨美術印刷
製　本　シナオ　用　紙　大宝紙業　E750

Sibun NAGAYASU© Printed in Japan　ISBN978-4-8461-0901-1　C0336

プロブレムQ&A
同性愛って何？
［わかりあうことから共に生きるために］
伊藤　悟・大江千束・小川葉子・石川大我・簗瀬竜太・大月純子・新井敏之 著
A5判変並製
二〇〇頁
1700円
同性愛ってなんだろう？　家族・友人としてどうすればいい？　社会的偏見と差別はどうなっているの？　同性愛者が結婚しようとすると立ちはだかる法的差別？　聞きたいけど聞けなかった素朴な疑問から共生のためのQ&A。

レインボーフォーラム
ゲイ編集者からの論士歴問
永易至文 編著
四六判並製
二三六頁
1800円
あの人がゲイ・レズビアンを語ったら……読者は、同性愛者コミュニティがけっして日本社会と無縁で特殊な存在ではない事をむしろ日本社会の課題をすぐれて先鋭的に体現する場所である事を理解されるでしょう。

プロブレムQ&A
10代からのセイファーセックス入門
［子も親も先生もこれだけは知っておこう］
堀口貞夫・堀口雅子・伊藤　悟・簗瀬竜太・大江千束・小川葉子 著
A5判変並製
二二〇頁
1700円
学校では、十分な性知識を教えられないのが現状だ。無防備なセックスで望まない妊娠、STD・HIV感染者を増やさないために、正しい性知識と、より安全なセックス＝セイファーセックスが必要。自分とパートナーを守ろう！

プロブレムQ&A
戸籍って何だ
［差別をつくりだすもの］
佐藤文明 著
A5判変並製
二六四頁
1900円
日本独自の戸籍制度だが、その内実はあまり知られていない。戸籍研究家と知られる著者が、個人情報との関連や差別問題、婚外子差別から外国人登録問題等、幅広く戸籍の問題をとらえ返し、その生い立ちから問題点までやさしく解説。

プロブレムQ&A
どう考える？　生殖医療
［体外受精から代理出産・受精卵診断まで］
小笠原信之 著
A5変並製
二〇八頁
1700円
人工受精・体外受精・代理出産・クローンと生殖分野の医療技術の発展はめざましい。出生前診断で出産を断念することの是非や、人工授精児たちの親捜し等、色々な問題を整理し解説すると共に、生命の尊厳を踏まえ共に考える書。

私たちの仲間
［結合双生児と多様な身体の未来］
アリス・ドムラット・ドレガー 著／針間克己 訳
四六判並製
二七二頁
2400円
結合双生児、インターセックス、巨人症、小人症、口唇裂……多様な身体を持つ人々。本書は、身体的「正常化」の歴史的文化的背景をさぐり、独特の身体に対して変えるべきは身体ではなく、人々の心ではないかと問いかける。